RESEARCH ON SUPPLIER ADAPTIVE BEHAVIOR AND ITS INFLUENCING FACTORS

供应商适应行为及其影响因素研究

张延涛◎著

中国经济出版社
CHINA ECONOMIC PUBLISHING HOUSE
北 京

图书在版编目（CIP）数据

供应商适应行为及其影响因素研究／张延涛著.
—北京：中国经济出版社，2019.12
ISBN 978-7-5136-5938-3
Ⅰ.①供… Ⅱ.①张… Ⅲ.①供应链管理—研究 Ⅳ.①F252.1
中国版本图书馆 CIP 数据核字（2019）第 295663 号

责任编辑　师少林　张　户
责任印制　巢新强
封面设计　久品轩

出版发行　中国经济出版社
印 刷 者　北京九州迅驰传媒文化有限公司
经 销 者　各地新华书店
开　　本　710mm×1000mm　1/16
印　　张　13.5
字　　数　200 千字
版　　次　2019 年 12 月第 1 版
印　　次　2019 年 12 月第 1 次
定　　价　68.00 元
广告经营许可证　京西工商广字第 8179 号

中国经济出版社 **网址** www.economyph.com **社址** 北京市东城区安定门外大街 58 号 **邮编** 100011
本版图书如存在印装质量问题，请与本社销售中心联系调换（联系电话：010-57512564）

前　言

从外部获取资源是制造商提升核心能力、增强市场竞争力的重要途径之一。促使供应商做出适应行为，能够保证制造商从供应商获得所需资源。在制造商—供应商的二元关系中，供应商适应行为是指供应商开展的旨在满足制造商需求的活动。供应商做出适应行为的过程，即将专业知识、技术和创新能力等资源服务于制造商的过程，并以此提高制造商运营活动的效率和效果，为制造商赢得竞争优势。基于此，厘清供应商适应行为的内容结构并探索供应商适应行为的影响因素，成为制造商面临的重要议题。

学者已经认识到供应商适应行为具有多方面的表现形式，却未就其内容结构展开专门研究。目前，缺少一套有效的供应商适应行为构念测量量表。学者已针对供应商适应行为的影响因素问题展开研究，获取了一些因素，但学者并未厘清影响因素包括哪些层面，未指出应从哪些层面提取因素，而且，因素的作用机理也未知。因此，供应商适应行为的影响因素问题有待于进一步研究。

本书的研究内容主要包括以下方面。考察供应商适应行为的内容结构，构建测量量表。探索供应商适应行为的影响因素，检验因素的影响作用，揭示因素的作用机理。运用文献研究法，结合企业访谈和预测试，构建供应商适应行为构念的正式测量量表。采用探索性因子分析法提取公共因子，运用验证性因子分析法检验因子结构的稳定性，并检验量表信度和效度。以交易观和关系观为理论基础，构建供应商适应行为的影响因素分析框架，提出影响因素涵盖的内容。通过理论分析和企业访谈，从各层面提取因素。分析各因素对供应商适应行为的影响以及因素间影响关系，据此构建供应商适应行为的影响因素概念模型，提出研究假设。以我国制造类企业为调查对象，通过大样本调查收集数据，运用统计方法，对整体结构模型进行拟合分析，对研究假设进行检验。

通过上述研究可以得出以下结论。①供应商适应行为构念包含5个维度，即生产适应行为、交货适应行为、技术适应行为、产品适应行为和运营战略适应行为。开发的供应商适应行为构念测量量表具有良好的信度和效度。②供应商适应行为的影响因素包括供应商、制造商、关系和环境4个层面。供应商层面的因素包括供应商能力和供应商高层管理者的支持。制造商层面的因素包括制造商需求不确定性和制造商长期导向。关系层面的因素包括供应商信任、供应商依赖、供应商承诺、沟通、互惠和双方人员间关系。环境层面的因素包括竞争强度和技术不确定性。③供应商能力和供应商高层管理者的支持对供应商适应行为具有显著的正向影响。制造商需求不确定性和制造商长期导向对供应商适应行为具有显著的正向影响。供应商信任、供应商依赖和供应商承诺对供应商适应行为具有显著的正向影响。沟通、互惠和双方人员间关系3个因素通过供应商信任，对供应商适应行为具有显著的正向影响。沟通、互惠、双方人员间关系、供应商信任和供应商依赖5个因素通过供应商承诺，对供应商适应行为具有显著的正向影响。竞争强度对供应商适应行为具有显著的正向影响，而技术不确定性对供应商适应行为无显著影响。供应商适应行为是供应商、制造商、关系以及环境4个层面因素共同作用的结果。

本书的研究结论有助于厘清供应商适应行为的内容结构，构建基于供应商适应行为状况的供应商评价指标体系，对供应商进行分类管理；提供一套信度和效度良好的供应商适应行为构念测量量表，为供应商适应行为领域实证研究提供可操作化工具；有助于从多视角认识供应商做出适应行为的原因，推进供应商适应行为管理机制研究，为制造商开展供应商适应行为管理活动提供理论借鉴。

目　录

1 绪 论

本章主要包含以下内容：分析研究背景，提出研究问题，明确研究目标和研究意义，归纳研究内容和研究方法，提出技术路线以及结构安排。

1.1 研究背景

企业间竞争日益激烈，并逐渐演变为供应链间的竞争。为了提升核心能力，企业逐渐专注于核心业务，而将非核心业务外包，企业间依赖由此增强[1]。制造商认识到，为了提升市场竞争力、占据有利的市场位置，不仅需要有效整合内部资源、加强职能部门间协调，也需要与供应商特别是关键供应商加强合作，充分利用供应商资源，保持双方活动协调一致[2,3]。研究表明，供应商运用专业知识、技术和创新能力等资源服务于制造商，能够提高制造商运营活动的效率和效果[4,5]。换言之，供应商适应制造商有助于制造商开展运营活动，赢得竞争优势。企业间适应（Interfirm adaptation）是指企业通过在行为上做出必要改变，满足另一企业特定需求[4]。适应行为（Adaptive behavior）反映了适应概念的内容维度。在制造商—供应商二元关系中，供应商适应行为（Supplier adaptive behavior）是指供应商开展的旨在满足制造商需求的活动[6]。供应商适应行为一直是制造商期望的，是制造商获取供应商资源的重要方式，也是制造商提高成本效率与运营敏捷性，获取竞争优势的重要途径。从供应链角度看，供应商充分满足制造商需求将增强整条供应链的响应性和敏捷性[7,8]。在明确供应商适应行为内容的基础上探寻供应商适应行为的影响因素，成为制造商面临的重要议题。

具体而言，对供应商适应行为的内容结构及测量展开研究，能够为供应商适应行为领域实证研究提供可操作化工具，有助于制造商从整体上认识供应商适应行为的内容，建立一套基于供应商适应行为状况的供应商评价指标体系，从供应商适应程度角度为供应商进行分类管理提供依据，提高供应商适应行为管理活动的效率和效果。研究供应商适应行为的影响因素问题，能够明晰是哪些力量推动供应商做出适应行为，揭示供应商适应行为的源起。在此基础上，通过开发供应商适应行为管理机制，能够促使供应商主动适应制造商，让供应商运用稀缺资源服务于制造商，使供应商提供的生产要素与制造商的需求相匹配，帮助制造商有效开展运营活动，并推进双方在更广范围、更深层次开展合作，通过整合双方资源，有效应对市场变化，共同为最终客户创造价值。

1.2　问题的提出

近年来，供应商适应行为领域成为学者关注的热点。目前，学术界相关研究主要集中在两个方面：供应商适应行为的内容研究和供应商适应行为的过程研究[9]。前者探讨的是供应商适应行为的外延，考察供应商适应行为的外在表现，明确制造商—供应商互动内容。后者研究的是供应商做出适应行为的整个过程，关注供应商适应行为背后的驱动力量，探索哪些因素促使供应商做出适应行为。

学者已围绕供应商适应行为的内容展开研究[4,10-12]，希望明晰制造商有效开展运营活动需要供应商在哪些方面做出适应性变化，深入理解制造商—供应商互动过程。学者运用案例法、访谈法等，认识到供应商适应行为旨在支持制造商开展运营活动，涵盖产品、生产、技术、人员等多方面内容。遗憾的是，学者并未针对供应商适应行为的内容结构展开专门研究，未揭示供应商适应行为包含的维度，未完全解决“供应商适应行为是什么”的问题，这不利于从整体上认识和把握供应商适应行为，也不利于有效开展围绕供应商适应行为的研究。有必要基于已有研究成果，并结合企业访谈，厘清供应商适应行为的内容结构，明确供应商适应行为包含的维度，并构建一套信度和效度良好的供应商适应行为构念测量量表。

学者已针对供应商适应行为的影响因素问题展开研究[4,6,13-15]，并运用交易成本理论、社会交换理论以及社会资本等理论，运用案例法、访谈法和问卷法等方法，获取了一些影响因素。学者或是从供应商、制造商以及其关系等单个层面入手探索影响因素，或是将关注点放在供应商、制造商以及其关系等多个层面。遗憾的是，学者却未就供应商适应行为的影响因素问题展开理论分析，未明确指出影响因素包括哪些层面，也未指明应该从哪些层面提取因素，这不利于从整体上认识供应商适应行为的影响因素。而且，一些因素通过案例法和访谈法获取，未经过实证检验，其影响效应未知。供应商适应行为的影响因素可能来自多个层面，可能表现为多层面中多因素的综合作用。同时，因素间可能存在影响关系，在促使供应商做出适应行为过程中发挥着不同的作用。有必要运用管理理论，对供应商适应行为的影响因素展开理论分析，厘清供应商适应行为影响因素包括的层面，从各层面提取因素，并运用实证方法检验因素对供应商适应行为的影响，探索因素的作用机理。

本书以制造商—供应商二元关系为情境，研究如下两个问题：供应商适应行为的内容结构及测量和供应商适应行为的影响因素。研究供应商适应行为的内容结构及测量问题，要明确供应商适应行为的维度，并构建一套信度和效度良好的供应商适应行为构念测量量表，为供应商适应行为影响因素的实证研究提供可操作化工具。研究供应商适应行为的影响因素问题，要明确供应商适应行为影响因素包括的层面，各层面包括哪些因素，并检验这些因素对供应商适应行为的影响，探索因素的作用机理，厘清因素间影响关系。需要说明的是，在本书中，制造商是指整条供应链上最终产品的生产者，供应商是指向制造商提供原材料、零部件以及机器设备等生产要素的企业。

1.3 研究目标与研究意义

1.3.1 研究目标

本书希望通过研究，实现以下 3 个目标。

（1）从整体上把握供应商适应行为的内容。学者虽然针对供应商适应行为的内容问题展开研究，并认识到供应商适应行为涵盖产品、生产、技术等方面，却未针对供应商适应行为的内容结构展开专门研究，供应商适应行为的维度仍然未知。本书基于已有研究成果，并结合企业访谈，运用探索性因子分析法，初步得出供应商适应行为所包含的维度；运用验证性因子分析法检验因子结构的稳定性，并对量表的信度和效度进行检验；通过研究供应商适应行为构念的内容结构，从整体上认识供应商适应行为的内容，回答“供应商适应行为是什么”的问题，为供应商适应行为影响因素的实证研究提供可操作化工具。

（2）从多层面获取供应商适应行为的影响因素。学者运用案例法、访谈法和问卷法，考察供应商适应行为的影响因素问题，得出一些影响因素。然而，学者并未明确指出供应商适应行为的影响因素包含哪些层面，也未指出应该从哪些层面提取因素。关于供应商适应行为的影响因素研究，目前缺少一个有效的分析框架。本书基于交易观和关系观，通过理论分析，构建供应商适应行为的影响因素分析框架，提出供应商适应行为影响因素归属的层面，通过理论分析和企业访谈，从各层面提取因素，为构建供应商适应行为的影响因素理论模型奠定基础，进而提出研究假设。

（3）揭示各因素对供应商适应行为的影响，探索因素的作用机理。运用理论探索所得因素，运用统计方法，检验这些因素对供应商适应行为的影响效应，并探索因素间影响关系，明确哪些因素对供应商适应行为具有显著影响，明确各因素在促使供应商做出适应行为过程中起到的作用，揭示因素的作用机理，推进供应商适应行为管理机制研究，为制造商有效开展供应商适应行为管理活动提供理论借鉴。

1.3.2 研究意义

本书研究的理论意义主要表现在以下 3 个方面。

（1）明确供应商适应行为的内容结构，构建一套信度和效度良好的供应商适应行为构念测量量表。针对供应商适应行为的内容结构展开专门研究，厘清供应商适应行为包含的维度，并对量表的信度和效度进行检验，为供应商适应行为领域的研究奠定理论基础。

（2）建立对供应商适应行为影响因素的整体认识。以交易观和关系观为理论基础，构建供应商适应行为的影响因素分析框架，提出供应商适应行为影响因素所涵盖的层面。通过理论分析和企业访谈，从各层面提取因素，从多视角、多层面把握供应商适应行为的影响因素，克服从单个层面展开分析的局限性。

（3）推进供应商适应行为管理机制研究。基于从理论分析中得出的影响因素，运用统计方法进行实证检验，明确哪些因素对供应商适应行为具有显著的正向影响，并揭示因素的作用机理，从而为制定供应商适应行为管理机制奠定理论基础，促使供应商主动适应制造商，支持制造商开展运营活动，提高制造商运营绩效。

本书研究的实际意义主要表现在以下两个方面。

（1）有助于制造商从整体上认识供应商适应行为，建立一套基于供应商适应行为状况的供应商评价指标体系，为对供应商进行分类管理提供依据。研究供应商适应行为的内容结构，确定供应商适应行为的维度；根据供应商做出适应行为的情况，把握各供应商做出适应行为的广度和深度；对供应商进行分类，为制造商制定针对各类供应商的管理策略并提供参考。对于那些对制造商在更广方面、更深程度上做出适应行为的供应商，制造商可考虑对其投入资源，加强双方互动。对于那些对制造商适应程度较低的供应商，制造商可采取增加订单量等措施，激发这类供应商在更广方面、更深程度上做出适应行为，增强对制造商运营活动的支持力度。

（2）有助于制造商设计供应商适应行为管理机制，促使供应商主动向制造商做出适应行为。运用统计方法，检验因素对供应商适应行为的影响，得出对供应商适应行为具有正向影响的因素，并探索因素的作用机理。据此，制造商可制定供应商适应行为管理机制，促使供应商主动做出适应行为，为制造商提供原材料、零部件以及机器设备等生产要素，提高制造商运营绩效，增强制造商市场竞争力。

1.4 研究内容与研究方法

1.4.1 研究内容

本书的研究内容包括以下两个方面。

（1）供应商适应行为的内容结构及测量。确定供应商适应行为构念的维度，构建一套信度和效度良好的供应商适应行为构念测量量表。步骤为：首先，借鉴已有研究成果，并结合企业访谈，提出供应商适应行为构念的初始测量量表。其次，收集小样本数据进行预测试，对量表题项做纯化处理，确定正式量表。再次，通过探索性因子分析法，初步确定供应商适应行为构念的维度。最后，运用验证性因子分析法检验因子结构的稳定性，并检验量表的信度和效度。由此，得出供应商适应行为构念最终测量量表，为供应商适应行为影响因素的实证研究提供可操作化工具，用于检验因素对供应商适应行为的影响作用。

（2）供应商适应行为的影响因素。一是，对供应商适应行为的影响因素进行探索。基于交易观和关系观，构建供应商适应行为的影响因素分析框架，指出供应商适应行为影响因素涵盖的层面，通过理论分析，从各层面提取因素；通过企业访谈，对从理论分析中所得因素进行验证和补充。二是，检验因素对供应商适应行为的影响，探索因素的作用机理。运用统计学方法，对从理论分析和企业访谈中提取的因素进行实证检验，明确哪些因素对供应商适应行为具有显著的正向影响，明确各因素在促使供应商做出适应行为过程中发挥的作用，揭示因素的作用机理。

1.4.2 研究方法

根据研究问题的性质以及方法的适用性，本书综合采用文献研究和实证分析相结合的方法展开研究，解决研究问题。

1. 文献研究法

本书文献研究法的运用，主要表现在以下5个方面。

（1）分析已有研究成果，明确研究问题。在第二章，以适应（Adaptation）、供应商适应（Supplier adaptation）以及适应行为（Adaptive behavior）为关键词，在Science Direct、Emerald以及中国知网等数据库搜索文献，把握供应商适应行为的内容结构以及影响因素研究的进展，找出已有研究的不足，明确研究的侧重点和具体问题。

（2）把握学者对供应商适应行为内容的认识。在第三章，运用文献研究法，分析学者在考察供应商适应行为内容时选取的视角以及取得的成果，据此收集供应商适应行为构念的初始测量题项。

（3）对供应商适应行为的影响因素进行理论探索。在第四章，运用交易观和关系观，构建供应商适应行为的影响因素分析框架，提出供应商适应行为影响因素所涵盖的层面，并借鉴资源依赖理论、社会资本理论等，从每个层面提取因素，从理论上回答供应商做出适应行为的原因，为实证检验奠定基础。

（4）构建概念模型，提出研究假设。在第四章，借鉴已有研究成果，并结合研究情境，分析变量间关系，构建供应商适应行为的影响因素概念模型，提出待验证的研究假设。

（5）构建概念模型中构念的初始测量量表。在第五章，通过文献阅读和分析，找出研究情境与本书研究接近、被学者广泛采用的成熟量表，对题项措辞进行合理修改，对概念模型中构念进行初始测量，为实证研究提供可操作化工具。

2. 实证研究法

本书运用的实证研究法包括访谈、问卷调查以及统计分析法。

（1）运用访谈法对构念测量量表进行修订。在第三章，选择典型企业，与供应商销售经理、制造商采购经理、运营经理等进行深入访谈，对已有研究进行评价，并补充测量题项。在第六章，对变量进行初始测量后，与企业相关人员进行访谈，并征求供应链管理研究领域专家意见，对变量测量进行修订。

（2）问卷调查包括预测试（小样本测试）和大样本调查。通过预测试确定正式量表。在第三章，在进行企业访谈的基础上，通过预测试，对题项进行净化处理，形成供应商适应行为构念正式测量量表。在第五章，在运用访谈法进行变量测量量表修订的基础上，通过预测试，剔除不合格题项，形成变量正式测量量表。运用大样本调查法收集数据，展开统计分析。遵循随机原则，按照大样本调查相关程序、步骤收集数据，对回收问卷进行分析，剔除无效问卷。运用剔除后的问卷数据，对整体结构模型进行拟合分析，检验提出的研究假设。

（3）运用统计分析法处理数据，检验研究假设。运用的主要统计分析法包括：描述性统计分析、探索性因子分析、验证性因子分析、变量间相关性分析、结构方程模型以及中介效应分析等。主要分析工具为SPSS 11.5 和 AMOS 5.0。通过描述性统计，对收集的数据质量进行初步判断（第三章、第六章）。运用探索性因子分析法，在预测试中检验量表的结构效度（第三章、第五章），初步确定供应商适应行为构念的维度（第三章）。运用验证性因子分析法，检验供应商适应行为构念因子结构的稳定性，并检验量表的信度和效度（第三章）。对变量间相关性进行分析，初步判断研究假设是否得到支持（第六章）。通过结构方程模型，对整体结构模型进行拟合分析，对变量的直接影响效应进行检验（第六章）。运用中介效应检验方法，对供应商信任和供应商承诺两个变量的中介作用进行检验（第六章）。

1.5 技术路线与结构安排

本书采用的技术路线如图 1-1 所示。详述如下。

在查阅文献、进行学术讨论以及了解企业实际的基础上，提炼要研究的科学问题，即供应商适应行为的内容结构及测量研究，供应商适应行为的影响因素研究。围绕将要研究的问题，进行文献回顾，把握研究动态，明确学者在供应商适应行为领域研究中关注哪些问题，取得了哪些研究成果，特定关注关于供应商适应行为内容结构及测量研究和供应商适应行为影响因素研究的进展，进而明确本书研究的侧重点和方向。紧接着，针对供应商适应行为内容结构展开研究，厘清供应商适应行为构念涵盖的维度，构建一套信度和效度良好的供应商适应行为构念测量量表，为供应商适应行为的影响因素实证研究提供可操作化工具。随后，依据交易观和关系观，构建供应商适应行为的影响因素分析框架，提出供应商适应行为影响因素归属的层面，通过理论分析和企业访谈，从各层面提取因素。在此基础上，分析各因素对供应商适应行为的影响，构建供应商适应行为的影响因素概念模型，提出研究假设。然后，阐述实证研究设计方案，包括量表设计，数据收集和回收情况以及将使用的实证研究方法等。然后，运用 AMOS 软件，对整体结构模型进行拟合分析，对变量的直接影响效应进行检验。运用 SPSS 软件，对供应商信任和供应商承诺两个变量的中介作用进行检验，并对研究结果进行讨论。最后，总结主要研究结论，归纳创新点，给出管理建议，提出未来可能的进一步研究方向。

基于上述技术路线，本书的各章安排如下。

第一章：绪论。对本书的基本问题进行阐述。从企业实际出发，分析研究背景；在把握已有研究动态的基础上，提出研究问题；在提出研究问题的基础上，明确研究目标，从理论和实际两方面论述研究意义；根据研究问题，提炼研究内容；根据研究内容的性质以及方法的适用性，给出研究方法；借鉴管理学科实证研究的方法论，说明全书技术路线以及全书整体结构安排。

第二章：文献综述。围绕本书研究主题，把握已有研究的动态，明确拟解决的问题；对供应商适应行为的内容、特性、影响效应以及影响因素等相关研究进行回顾，把握学者取得的成果，分析已有研究的局限，得出进一步研究中尚需解决的问题；在已有研究的基础上，提出将要研究的问题。

第三章：供应商适应行为的内容结构及测量研究。明确供应商适应行为构念的维度，构建供应商适应行为构念测量量表，为供应商适应行为的影响因素实证研究提供可操作化工具；通过文献研究以及企业访谈收集题项，构建供应商适应行为构念初始测量量表；收集小样本数据进行预测试，确定供应商适应行为构念正式测量量表；通过大样本调查收集数据，运用探索性因子分析法提取公共因子，初步确定供应商适应行为构念的维度，并运用验证性因子分析法验证因子结构的稳定性，检验量表的信度和效度，对公共因子命名，并对研究结果进行讨论。

第四章：供应商适应行为的影响因素理论模型与假设。在获取供应商适应行为影响因素的基础上，构建供应商适应行为的影响因素概念模型，提出研究假设；以交易观和关系观为理论依据，构建供应商适应行为的影响因素分析框架，提出供应商适应行为影响因素所归属的层面，通过理论分析和企业访谈，从每个层面提取因素；在此基础上，分析各因素对供应商适应行为的影响以及因素间影响关系，据此构建供应商适应行为的影响因素概念模型，并提出研究假设。

第五章：研究设计。阐述本书的实证研究方案。在借鉴已有成熟量表的基础上，对概念模型中自变量进行初始测量（因变量供应商适应行为构念的测量量表已在第三章进行专门研究）；在企业访谈以及与专家讨论的基础上，进行量表修正；收集小样本数据进行预测试，形成正式量表；阐述数据收集对象和收集过程，说明数据回收情况，以及实证研究中将要使用的统计方法。

第六章：数据分析与结果讨论。运用统计学方法检验研究假设，验证第五章的理论分析是否符合企业实际；对样本进行描述性统计，检验量表信度和效度，对变量间相关性进行检验，对整体结构模型进行拟合分析，对研究假设进行检验，并进行结果讨论。

第七章：结论与展望。对本书的研究工作进行总结，明确进一步研究的方向；总结主要研究结论，阐述主要创新点，提出管理建议，分析论文研究的不足之处，指出未来可能的进一步研究方向。

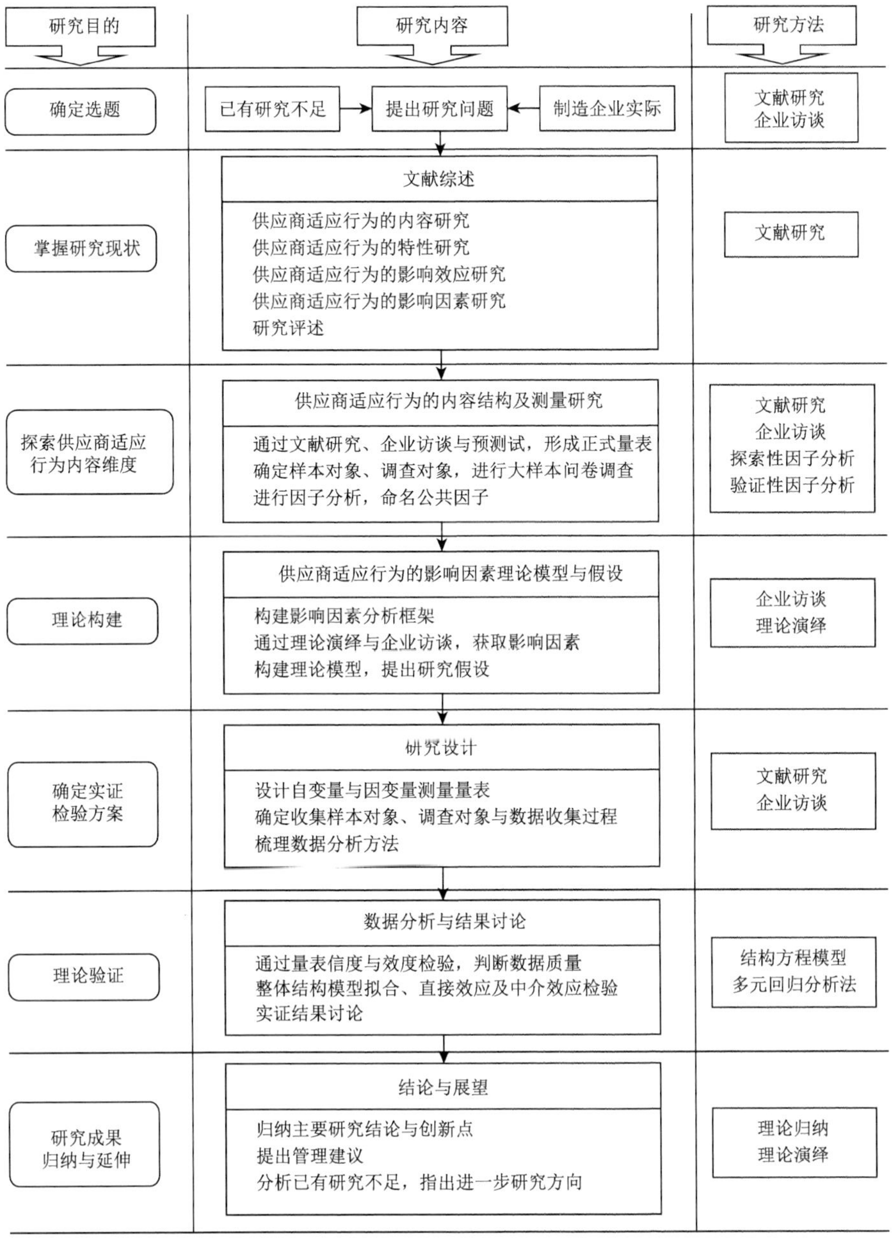
研究目的
研究内容
研究方法
确定选题
已有研究不足
提出研究问题
制造企业实际
文献研究
企业访谈
掌握研究现状
文献综述
供应商适应行为的内容研究
供应商适应行为的特性研究
供应商适应行为的影响效应研究
供应商适应行为的影响因素研究
研究评述
文献研究
探索供应商适应行为内容维度
供应商适应行为的内容结构及测量研究
通过文献研究、企业访谈与预测试，形成正式量表
确定样本对象、调查对象，进行大样本问卷调查
进行因子分析，命名公共因子
文献研究
企业访谈
探索性因子分析
验证性因子分析
理论构建
供应商适应行为的影响因素理论模型与假设
构建影响因素分析框架
通过理论演绎与企业访谈，获取影响因素
构建理论模型，提出研究假设
企业访谈
理论演绎
确定实证检验方案
研究设计
设计自变量与因变量测量量表
确定收集样本对象、调查对象与数据收集过程
梳理数据分析方法
文献研究
企业访谈
理论验证
数据分析与结果讨论
通过量表信度与效度检验，判断数据质量
整体结构模型拟合、直接效应及中介效应检验
实证结果讨论
结构方程模型
多元回归分析法
研究成果归纳与延伸
结论与展望
归纳主要研究结论与创新点
提出管理建议
分析已有研究不足，指出进一步研究方向
理论归纳
理论演绎

图 1-1 本书技术路线

2 文献综述

本部分对已有相关研究进行回顾，通过文献述评，把握研究进展，明确研究问题。具体从以下 4 个方面对已有相关研究进行回顾：供应商适应行为的内容；供应商适应行为的特性；供应商适应行为的影响效应；供应商适应行为的影响因素。

2.1 供应商适应行为的内容研究

国外学者在研究制造商—供应商关系时，广泛使用适应(Adaptation)概念[10,15,16]。他们认为，适应是买卖双方交换关系的构成要素，也是分析买卖双方互动过程的重要维度。通过分析制造商—供应商二元关系中的适应行为，能够掌握双方互动的内容，明确双方在哪些方面做出适应性变化，能够推进双方合作，创造关系价值。通过分析供应商适应行为，能够明确制造商有效开展运营活动，需要供应商在哪些方面做出合理调整，服务于制造商提高运营活动的效率和效果。

供应商适应行为相关研究可追溯到 Håkansson[10]。他在相关著作中构建了一个制造商—供应商关系互动模型。该模型包含 4 个要素，即参与方、环境、氛围（Atmosphere）和互动过程。供应商适应制造商（以下简称供应商适应）是双方互动过程中氛围的组成部分。供应商适应是指供应商通过采取“定制的解决方案”（Customized solutions）满足制造商的“独特需求”（Unique needs and wants）。在 Håkansson[10] 看来，供应商为了满足制造商的“独特需求”，必然要做出各种能够满足这种需求的行为。因此，供应商适应行为和供应商适应相对应，是应制造商需求而做出的。后续研究虽然对供应商适应的内涵界定有所不同，但均是基于 Håkansson[10] 的研究成果。Hallén 等人[13] 认为，供应商适应是一种投资，如采购新设备为特定制造商提供专用性产品。通过各种投资，供应商调整了产品规格或生产方式，支持制造商开展运营活动，为制造商创造价值，共同为最终客户提供产品，满足最终客户需求。Brennan 和 Turnbull[6] 在研究制造商—供应商二元关系情境下的适应问题时，提出了适应行为（Adaptive behaviour）概念，将其界定为供应商或制造商开展的旨在满足对方需求或培育双方关系的活动。他们强调，适应行为是适应概念在内容维度上的反映和表现。Brennan 等人[4] 在探讨供应商适应问题时，提出了企业间二元适应（Interfirm dyadic adaptations）概念，将其定义为企业在行为上做出必要的改变，以满足另一企业的特定需求。他们进一步指出，使用“二元”概念是为了将适应的空间范围限定在企业与企业之间，从而与企业对外部环境的适应区分开来。

已有研究对供应商适应内涵的认识比较一致，将其界定为供应商在行为上做出必要的改变，以满足制造商的特定需求。为了满足制造商的特定需求，供应商需要在行为上做出反应，需要做出一些行为，Brennan 和 Turnbull[6] 将这些行为称为适应行为。供应商适应行为概念伴随着供应商适应概念而提出，二者紧密相连。前者是后者在行为上的表现，反映了后者的内容维度。如果将供应商适应看作目的，即供应商适应是预先设想的行为目标和结果，供应商适应行为则是为了达到这个目的而采取的手段；如果将供应商适应看作一个过程，即供应商适应表现为多个阶段，供应商适应行为则是供应商在这个过程中所开展的一系列旨在满足制造商特定需求的活动。

学者分析了供应商适应行为的内容，考察了供应商适应行为的外在表现（见表 2-1）。按所属的性质，Håkansson[10]将供应商适应行为的内容分为两类：交换要素方面的适应行为和交换过程方面的适应行为。交换要素方面的适应行为（Adaptations in the elements exchanged）包括供应商进行产品设计以及调整产品规格、生产过程和生产计划；交换过程方面的适应行为（Adaptations in the process of exchange）包括供应商调整存货持有量、交货程序、管理程序和信用政策。Hallén 等人[13]在借鉴 Håkansson[10]研究成果的基础上，从产品规格、生产过程和存货放置地点政策三个方面构建题项，测量供应商适应行为构念。供应商调整产品规格和生产过程属于在交换要素方面做出的适应行为，供应商调整存货放置地点政策属于在交换过程方面做出的适应行为。Brennan 等人[4]通过分析 Håkansson[10]提供的案例，认为供应商适应行为虽然在很大程度上表现在产品和生产两个方面，但还包括供应商改变组织结构（如销售组织结构）以及为制造商提供技术信息。这一研究成果拓宽了供应商适应行为的外延，加深了对供应商适应行为的认识。Walter 和 Ritter[12]运用探索性因子分析法，从供应商多方面的适应行为中提取出两个公共因子：绩效创造因子和绩效交换因子。绩效创造因子涵盖供应商在产品规格、生产能力、质量控制程序、生产计划、生产技术和生产过程 6 个方面做出的适应行为。这些行为都表现为供应商通过重新配置生产资源、采用各种技术措施，生产符合制造商要求的原材料、零部件和机器设备等生产要素。绩效交换因子包括供应商在存货持有量、交货条款、销售组织、运输和技术信息交换 5 个方面做出的适应行为。这些行为都发生在生产要素被制造出来之后，涉及的问题是供应商通过何种方式和条件将“创造的绩效”交付于制造商。上述两位学者与Håkansson[10]得出的研究结论基本相同。绩效创造因子中所包含的供应商适应行为和交换要素方面的适应行为基本相同，表现为供应商为了向制造商交付生产要素而在产品规格、生产计划、生产过程等方面进行的合理调整。绩效交换因子中所包含的供应商适应行为和交换过程方面的适应行为基本相同，表现为供应商调整存货持有量、交货条款等要素，以满足制造商需求。Schmidt 等人[11]提出，已有研究的主要关注点是供应商的“硬适应”（Hard adaptations），即主要考虑供应商在产品规格、生产过程、物流等方面做出的适应行为，而忽略了供应商的“软适应”（Soft adaptations），即供应商在人力资源要素、管理价值观和组织结构等方面做出的适应行为。供应商技术人员为制造商提供服务，以帮助制造商解决生产过程中出现的问题也是供应商适应行为的重要表现之一。

国外学者关于供应商适应行为内容类别的主要研究成果如表 2-1 所示。

表 2-1　供应商适应行为的内容类别主要研究成果

代表作者	供应商适应行为的内容类别
Håkansson[10]	产品设计、产品规格、生产过程、生产计划、存货持有量、交货程序、管理程序、信用政策
Hallén 等人[13]	产品规格、生产过程、存货放置地点政策
Brennan 等人[4]	产品规格、生产过程、生产计划、存货持有量、交货程序、信息交换、契约条款、组织结构
Walter 和 Ritter[12]	产品规格、生产能力、质量控制程序、生产计划、生产技术、生产过程、存货持有量、交货条款、销售组织、运输、技术信息交换

续表

代表作者	供应商适应行为的内容类别
Schmidt 等人[11]	产品规格、生产计划、生产技术、存货持有量、信息交换、交货程序、契约条款、组织结构、人员
Mukherji 和 Francis[15]	产品规格、生产过程、生产计划

关于企业适应问题的研究，国内学者目前主要的关注点是企业对外部环境的适应，较少研究企业间特别是供应链成员企业间的适应问题，并未探讨在制造商—供应商二元关系中，供应商对制造商的适应问题。刘芳等人[17]以组织同一性为研究基础，以组织生命周期为研究背景，探讨了在组织生命周期的各个阶段里，组织适应能力的内在本质特征与形成机理。余宇新、郭蓉[18]从中小企业市场适应能力视角，借助调研数据研究影响我国中小企业市场适应能力的因素，比较分析东中西部地区影响中小企业市场适应能力因素的差异。张钢、岑杰[19]从时间性角度考察组织对环境的适应问题，并以此拓展组织适应理论。介绍组织及其环境的时间性，阐述组织的时间适应概念，并具体分析组织的时间适应战略。吕鸿江[20]通过分析效率型和创新型商业模式的不同结构及这些结构所形成的不同组织适应性，阐释了两种商业模式设计影响组织适应性形成的不同路径及机理，并建立了商业模式设计影响组织适应性的理论框架。王玲玲、赵文红[21]依据资源基础理论和企业能力理论，以新创企业为研究对象，从适应能力视角研究了不同类型创业资源获取、适应能力与新企业绩效间的关系。国内学者更多地从宏观层面关注企业适应问题，探讨企业对更为广阔的外部环境的适应，考察企业和外部环境的互动，强调企业应根据外部环境的变化，在行为上进行相应调整。制造商是供应商面临的微观环境。在制造商—供应商二元关系中，考察供应商对制造商的适应问题，属于从微观层面探讨供应商适应

问题，关注的是供应商和制造商之间的互动，强调供应商应致力于满足制造商需求，支持制造商开展运营活动。

通过考察供应商适应行为的外延，有助于厘清制造商对供应商的需求表现在哪些方面，明确供应商通过做出哪些适应行为，能够帮助制造商提高运营绩效。供应商调整产品规格、生产过程、生产能力和交货程序等方面的适应行为满足了制造商有效开展运营活动的需求，属于供应商对制造商在运营层面上的适应。

2.2 供应商适应行为的特性研究

适应行为发生在特定主体间，是一种关系行为。关系行为的概念化依赖于关系交换规范（Relational exchange norms）。基于关系交换规范，能够得出企业应做出的关系行为。最主要的关系规范是共享收益、共同负担的期望和对单方面使用权力的抑制[22]。关系行为是关系规范的行为反映。学者关注于3个核心的关系行为，即柔性、信息交换和团结。其中，柔性（Flexibility）反映了满足对方需求的意愿，即行为主体在行为上对对方需求进行响应。柔性是企业间进行有效协调的必要条件，能够有效应对环境不确定性。在企业关系中，柔性和适应行为均反映企业对另一企业需求的满足。二者的主要区别是，柔性是指短期的响应活动，而适应行为包含短期和长期的响应[23]。

已有研究表明，作为一种关系行为，供应商适应行为是供应商通过重新配置资源，以满足制造商的特定需求，因而具有关系专用性；同时，在制造商—供应商关系的不同阶段，供应商适应行为在范围和程度上存在差异，表现出不同的特点，因而具有动态性。

供应商为了做出适应行为，需要根据特定制造商的需求改变资源配置方式。为此，供应商需要进行各种类型的投资。这些投资包括实物投资和人力资源投资等。例如，实物投资包括用于加工专用性零部件的机器设备，人力投资包括服务于制造商的技术人员。这些投资通常具有专用性，是为了服务特定制造商而做出的。随着与特定制造商业务关系的结束，这些投资将成为沉没成本，并会出现不同程度的贬值。这些投资的专用性越强，其能够为其他制造商创造价值的可能性就越小，转换成本也就越高。投资的专用性导致了适应行为的专用性[24]。Schmidt 等人[11]以英国制药业和汽车业为研究对象，通过对制造商和供应商部门经理的访谈，证实了供应商适应行为具有关系专用性。他们发现，为了向特定制造商供应专用性零部件，一家供应商购置了额外的装配线和机器，一旦双方的业务关系结束，这些投资将几乎没有价值；为了向具有战略意义的制造商提供专用性零部件，另一家供应商专门组建了一个生产团队，随着双方业务关系的结束，这个生产团队的价值将大幅下降。

在制造商—供应商关系的不同阶段，供应商适应行为在内容、强度等方面并非一成不变，而是具有显著差异[9]。具体而言，在双方关系的早期，供应商对制造商适应水平很低，通常不情愿通过大规模投资以提高对制造商的适应水平，而只是出于与特定制造商建立业务关系的考虑，满足制造商在产品方面的需求。这是因为：双方在这一阶段的信息不对称程度较高，在社会、文化、技术等方面存在“距离”，容易受到对方机会主义行为的侵害，双方关系具有较高的不确定性。此时，供应商仅仅希望与制造商保持简单的买卖关系，而并非关注双方关系的长期性。随着业务关系的延续，双方的认识逐步加深，相互信任程度提高。此时，供应商有意愿在双方关系中投入战略性资源，支持和拓展双方当前和未来的业务，培育互惠的、长期的双边关系。换言之，随着双方业务关系的延续，双方关系的不确定性逐渐降低，供应商有意愿在更广范围、更大程度上满足制造商的需求，从而实现双方运营模式的更高匹配。

关系专用性表明，供应商适应行为具有明确的目的，是为了与特定制造商建立有别于其他制造商的异质关系。动态性则表明，随着与特定制造商的持续互动，某些因素促成了供应商适应行为在范围、程度等方面发生显著变化。供应商适应行为所具有的关系专用性和动态性，使其与信息交换、团结等关系行为区别开来。

2.3 供应商适应行为的影响效应研究

学者通过理论分析，探讨了供应商适应行为对供应商、制造商以及双方关系的影响。分析结果表明，作为一种关系行为，供应商适应行为对供应商、制造商以及双方关系均具有积极影响。

1. 供应商通过向制造商做出适应行为，能够为自身创造价值，并增强市场竞争力

（1）供应商适应行为能够为供应商创造价值。供应商适应行为是对制造商—供应商关系中业务机会的响应，表现为由此做出的调整。供应商通过对资源进行重新配置，能够保证双方交换活动顺利开展，在为制造商创造价值的同时，为自身带来收益[12]。而且，当供应商能够有效满足制造商需求时，制造商有意愿向该供应商采购更大量的生产要素，并付出更高价格，供应商因而能够增加收益。能够做出适应行为使制造商依赖于供应商，因为制造商如果和其他供应商进行业务往来成本将更高。

（2）供应商适应行为能够为供应商赢得长期竞争优势。适应是企业间关系管理的重要组成部分，向制造商做出适应行为是供应商客户管理的重要内容，有助于培养客户忠诚度，增强市场竞争力。供应商适应行为是一种积极、有意识的活动。供应商通过做出适应行为，有助于提高产品质量，提升与制造商开展业务的能力，增强对制造商需求的响应能力，提升市场地位，增强应对外部环境变化的能力。供应商为了满足制造商需求，可能需要开展研发活动，或采用新的生产技术，这使得其在与其他制造商的业务关系中，变得更有竞争力。更为重要的是，通过持续满足制造商需求，供应商能够与其保持长期业务关系，通过进行紧密互动，获得高于短期交换的收益，赢得长期竞争优势。

2. 供应商适应行为能够为制造商创造价值

资产专用性是产生关系租金的必要条件。供应商通过做出适应行为，能够以直接和间接的方式为制造商创造价值[25]。这些价值既来自双方业已建立的业务关系，也来自这一业务关系对双方未来业务活动的影响。供应商适应行为中包含关系专用性投资，这些投资既包括供应商为了与制造商达成交易进行的初始的一次性投资，也包括随着双方关系的延续而逐渐进行的投资。供应商适应行为是供应商为特定制造商而改变资源配置方式，因此，供应商适应属于关系专用性适应（Relationship-specific adaptations）。供应商通过在产品、生产计划、生产技术、生产能力以及人员等方面进行调整，有助于制造商获取所需资源，保证自身提供的生产要素和制造商需求相匹配，促进双方活动和业务流程的协调，促进双方互补技术和知识的转移，分享信息，分担风险，能够有效解决制造商在运营活动中面临的问题，实现运营目标。供应商适应行为旨在帮助制造商开展运营活动，有助于制造商提高生产效率，降低生产成本，为最终客户提供更好的服务。

3. 供应商适应行为有助于供应商与制造商建立长期业务关系，提高关系质量

（1）供应商适应行为是制造商和供应商建立长期业务关系的必要条件。适应是企业间长期关系的构成要素，也是企业间交换关系的重要方面。合作伙伴关系基于双方运营方式的匹配而建立，特征是至少一方适应另一方的特定需求[11]。如果制造商和供应商双方仅仅以标准条款、标准价格，使用标准的商业程序销售和购买标准产品，双方关系不能称为合作伙伴关系。从社会交换视角看，企业间关系是一个互动过程。互动是可以观察到的关系一方对对方需求的响应活动。由于交换双方处于不断改变的交易条件之中，持续做出适应行为成为企业间长期互动关系得以延续的必要条件。从交易成本经济学视角看，关系专用性适应被认为是未来交易的“抵押品”。供应商适应行为代表与特定制造商保持长期业务关系的承诺，有利于双方维持并增强业务关系。向制造商做出适应行为能够增强供应商的吸引力，增加制造商对供应商的依赖性，从而能够保证双方业务关系得以延续。值得注意的是，有些适应行为并未由契约明确约定，而是供应商自愿做出的，因而具有非正式性质。这些超过契约条款的非正式适应行为明确表明供应商投资于双方关系的意愿，表征了关系承诺。在制造商—供应商二元关系中，供应商拒绝适应制造商是有风险的，这将威胁到双方关系的开发。不适应制造商、不致力于满足制造商需求的供应商被认为缺乏关系承诺。随着时间推移，供应商适应行为有望将制造商—供应商经济交换关系转变为具有战略性的社会嵌入关系，降低机会主义行为风险，成为制造商可持续竞争优势的关键驱动因素[26]。因此，在制造商与供应商之间开发长期关系的过程中，供应商适应行为起到了至关重要的作用。没有供应商适应行为，双方的合作伙伴关系将不复存在。供应商做出适应行为的目的是，对资源

进行重新配置，通过调整关系，使之更有益于双方。供应商适应行为是制造商和供应商之间业务关系的“粘合剂”，支持和拓展了双方业务活动，促进双方在更广范围、更深层次开展合作，增加双方收益。

（2）供应商适应行为有助于开发社会资本，提高制造商与供应商的关系质量。供应商适应行为被称为自我实施型契约（Self-enforcing agreements），包含关系专用性投资，这些投资致力于双方关系的未来，向制造商发送强烈信号：自身信任对方，真正关心双方关系；双方关系值得投资，有意愿向制造商创造更高价值，建立高质量的二元关系，营造良好的关系氛围[27,28]。供应商适应行为表明，供应商关注双方关系的长期性，制造商由此认为双方关系值得投资，这将激励制造商做出具有互惠性质的适应行为，加强双方互动。制造商和供应商对彼此适应的程度是成功关系的决定因素，双方做出适应行为能够促进相互认识，缩短“距离”，建立相互信任的关系，增加承诺，提高关系质量，促进双方紧密联系，降低关系不确定性，增强关系稳定性；促使双方在关系中进行更大的投资，做出超出契约约定的适应行为，进行更加公正、合理的交换[29]；在冲突出现时，双方能够友好地在已有关系框架下解决问题，而不是寻求关系外的解决办法。

总之，供应商适应行为是有益的关系行为，能够为供应商、制造商以及双方关系产生积极影响。通过向制造商做出适应行为，供应商能够赢得经济利益，实现自身经营目标；供应商适应行为能够支持制造商开展运营活动，共同为最终客户生产产品，满足最终客户需求；供应商适应行为有助于在制造商和供应商之间建立长期业务关系，提高双方关系质量。正是由于供应商适应行为具有积极效应，学者围绕供应商适应行为展开研究，关注供应商适应行为的影响因素问题，探寻促使供应商做出适应行为的因素。通过作用于这些因素，促使供应商做出适应行为，为制造商创造价值，让供应商为增强制造商竞争优势做出贡献。

2.4 供应商适应行为的影响因素研究

学者考察供应商适应行为的内容，分析供应商适应行为的特性，并关注供应商适应行为的影响因素。学者希望找出供应商适应行为背后的驱动力量，解释供应商向制造商做出适应行为的原因。学者发现，供应商和制造商之间秉持的管理导向促使供应商做出适应行为；存在于制造商—供应商二元关系中的沟通、互惠性价值观，供应商对制造商的信任、依赖、承诺对供应商适应行为具有影响作用；与做出适应行为相关的成本和收益也是供应商适应行为的重要影响因素。本部分从以下 3 方面对相关研究成果进行回顾：供应商、制造商管理导向与供应商适应行为；制造商—供应商关系与供应商适应行为；相关成本、收益与供应商适应行为。

2.4.1 供应商、制造商管理导向与供应商适应行为

学者发现，供应商、制造商管理导向均促使供应商向制造商做出适应行为。

供应商管理导向（Supplier's managerial orientation）是指供应商在管理特定制造商时，对关系营销的偏好以及付出的业务开发努力。制造商管理导向（Manufacturer's managerial orientation）是指制造商支持特定供应商的程度以及与其建立紧密合作伙伴关系的偏好[4]。通常，供应商会在交易型（Transactional）、过渡型（Transitional）和伙伴型（Partnering）管理导向中选择一种，来管理与特定制造商的关系。采用

交易型管理导向的供应商关注于短期目标，仅希望在短期业务关系中获得利益。这是因为，这些制造商通常只是供应商的普通客户，对供应商经营目标的贡献较小。秉持过渡型和伙伴型管理导向的供应商倾向于采用关系营销理念，采用这两种管理导向的供应商希望与之相对应的制造商建立长期业务关系，从双方长期互动中获得更高利益。这是因为，这些制造商通常是供应商的关键客户，对供应商经营目标的实现起到至关重要的作用。已有研究表明，供应商适应行为与自身采用的管理导向密切相关。在不同管理导向的指导下，供应商适应行为的广度和深度表现一定差异。Brennan 和 Turnbull[6] 以英国汽车业和电信业为研究对象，通过分析 13 组制造商—供应商关系的特点，并与 37 位参与双方关系管理的制造商、供应商部门经理进行访谈，发现供应商适应行为的规模（在哪些方面做出适应行为）与自身采用的管理导向有关。当采用过渡型或伙伴型管理导向时，供应商有意愿在更大程度、更广阔的领域做出适应行为，以维持和巩固双方的业务关系；当采用交易型管理导向时，供应商对制造商的适应程度较低，仅在较小范围内做出适应行为。Brennan 等人[4]在前期定性分析的基础上，以美国 500 家汽车零部件供应商为样本，运用逻辑回归分析法检验了供应商、制造商管理导向对供应商适应行为的影响效应。实证结果显示，管理导向代表一种管理理念。供应商管理导向代表供应商所采用关系营销理念的程度，以及在行为上付出的业务开发努力。制造商管理导向代表制造商与供应商建立合作伙伴关系的意愿程度，供应商、制造商管理导向将推动供应商做出适应行为，在双方建立并维持业务关系。不仅供应商对制造商所秉持的管理导向促使供应商做出适应行为，制造商对供应商所持管理导向也将激励供应商做出适应行为。

2.4.2 制造商—供应商关系与供应商适应行为

以往学者运用案例法、访谈法和问卷法，从制造商—供应商关系出发，探寻影响供应商适应行为的因素。已有研究表明，沟通、供应商信任、供应商依赖、供应商承诺和互惠性价值观对供应商适应行为具有影响作用。

沟通是供应链节点企业间的关键活动，涉及广泛的信息交换。企业间的沟通既是一种共享信息手段，也是一种关系治理机制。正式、充分的沟通有助于供应商了解制造商的发展战略、生产计划和需求，从而有助于保持双方目标的一致性。同时，沟通有助于供应商对制造商的可信性做出判断，进而决定是否与其进行业务往来以及是否对其做出适应行为。Canning 和 Hanmer-Lloyd[30] 运用访谈法，以英国电信业和 IT 企业为研究对象，通过与制造商和供应商部门经理 24 次的半结构化访谈，提出了供应商做出适应行为的整个过程（如图 2-1 所示）。

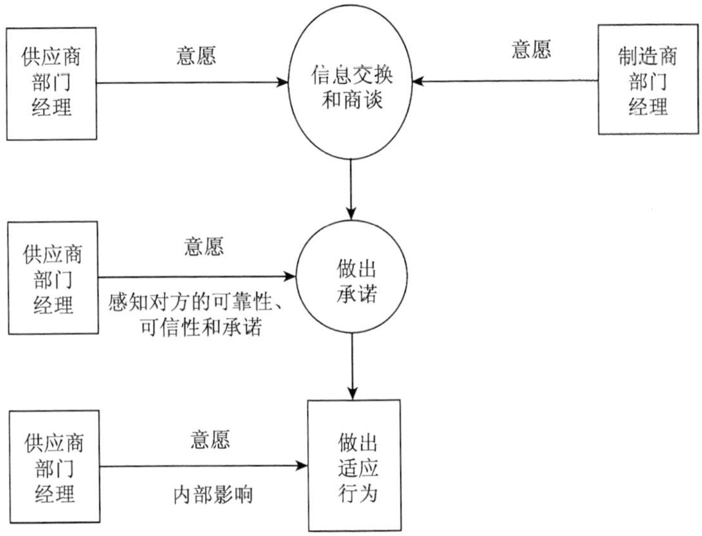

图 2-1 供应商做出适应行为的过程

供应商做出适应行为具体内容为：首先，供应商销售经理与制造商采购经理进行沟通，了解制造商的需求；其次，供应商销售经理感知制造商采购经理的可信性、可靠性和承诺水平；最后，供应商销售经理决定是否以及在哪些方面对制造商做出适应行为。经验证据表明，沟通是供应商做出适应整个行为过程的首要步骤，是供应商做出适应行为的前提条件。在双方充分沟通的基础上，供应商将运用各种资源，组织生产活动，做出适应行为以满足制造商需求。

企业间的信任代表一种期望，也是一种关系治理机制，能够有效弥补正式契约的不足。在企业间建立信任关系的条件下，施信方有意愿与受信方建立和维持长期合作关系，并从事能够为双方带来收益的活动。在制造商—供应商二元关系中，供应商信任制造商表明，前者认为后者是可靠的、善意的，行为是可以预测的，且后者在双方的业务往来中不会危害前者的利益，将主动抑制机会主义行为，从而降低双方的交易成本和关系治理成本。当供应商信任某制造商时，前者有意愿与后者建立业务关系，并在产品、生产计划、生产技术以及人员等方面做出必要的改变，甚至为制造商开发专用性产品，以此做出维持双方关系的承诺[31]。Brennan 和 Turnbull[6]通过访谈发现，当供应商对制造商的信任程度较高时，双方关系的对抗性较弱，供应商对制造商的适应程度较高，并在较广范围内做出适应行为；当供应商对制造商的信任程度较低时，双方关系的对抗性较强，供应商对制造商的适应程度较低，供应商适应行为的范围则较窄。值得注意的是，有研究表明，供应商适应行为与供应商信任存在负相关关系。例如，Mukherji 和 Francis[15]以美国 120 家汽车零部件供应商为样本进行实证检验的结果表明，供应商对制造商的信任对供应商适应行为具有负向影响。他们强调，这一负向关系存在于特定情境下，即供应商对制造商依赖程度较高时，制造商在双方关系中的权力优势抵消了供应商信任的积极作用，削弱了双方开发关系要素（如信任和承诺）的能力。供应商从而对制造商表现“高依赖、低信任、高适应”的特点。

供应商对某制造商的依赖表明，前者认为双方的关系是重要的，期望延续双方业务关系，从而获得关系价值。这种依赖主要表现在经济层面，即供应商只有通过与制造商特别是主要制造商进行业务往来，才能实现自身经营目标。某一制造商对供应商经营业绩贡献越大、不可替代性越强，供应商对这一制造商的依赖性就越强。随着对特定制造商依赖的增强，供应商有意愿对该制造商做出适应行为，以持续获取关系价值。反之，如果拒绝在产品、生产计划和人员等方面做出必要调整，供应商将失去有价值的客户，从而造成关系价值的损失。Hallén 等人[13]通过实证检验发现，供应商适应行为反映了双方的权力不平衡状况，与供应商对制造商的经济依赖显著正相关。Brennan 和 Turnbull[6]通过访谈发现，供应商适应行为与制造商和供应商双方关系中的权力结构相关。在制造商—供应商二元关系中，供应商对制造商的依赖程度与制造商拥有的对供应商的权力相关。随着供应商对制造商依赖程度的提高，制造商在双方关系中具有更强的议价能力，供应商倾向于通过做出适应行为来管理双方关系。如果供应商拒绝做出适应行为，那么制造商可以采取威胁退出策略，迫使供应商按照其意图行事。Brennan 等人[4]以及 Mukherji 和 Francis[15]进行的实证检验结果均表明，供应商对制造商的依赖是供应商适应行为的重要影响因素，促使供应商做出适应行为。

供应商对某制造商的承诺表明，前者希望延续双方业务关系，进而在双方长期的互动中赢得更高收益。维持业务关系的愿望将体现在行为上，其中供应商适应行为是关系承诺意愿的行为表现。供应商通过做出适应行为，向特定制造商表达维持业务关系的愿望，因而被称为行为承诺[32]。Brennan 和 Turnbull[6]通过案例研究发现，对制造商的承诺是影响供应商适应行为的重要因素。供应商对制造商的承诺推动前者运用自身能力，整合各种资源，为制造商提供定制产品。Canning 和 Hanmer-Lloyd[30]运用访谈法发现，供应商向制造商做出承诺是供应商做出适应整个行为过程的步骤之一。供应商在承诺之后，将做出各种适应行为，支持双方开展当前和未来的业务活动。

随着制造商与供应商持续互动，双方将建立共同的价值观，在行为上表现强烈的互惠性，双方将相互帮助，相互支持[33]。学者发现，互惠性价值观（Value of reciprocity）是驱动供应商适应行为的重要力量。供应商适应行为受到在双方互动过程中产生的互惠性价值观的影响。Hallén 等人[13]以德国、瑞典和英国的 237 家原材料、零部件和设备供应商为样本，实证检验了供应商适应行为与制造商适应行为的关系。结果表明，制造商和供应商相互适应、相互影响，一方先前所做出的适应行为将激励对方做出具有互惠性质的适应行为。在制造商与供应商的互动过程中，通常首先由供应商根据制造商对交换要素的需求在产品、生产方面做出适应行为。制造商若对这些适应行为满意，则会在生产过程方面做出必要的调整，以更好地装配或加工供应商提供的产品。进一步，供应商若在双方的业务关系中获得信心，将会在物流方面做出适当的调整，以提高交货绩效。此外，学者已开始关注在中国情境下，文化对企业适应行为的作用。儒家和道家思想构成中国传统文化的基础。儒家强调个人道德和人际关系的重要性，从人际关系出发看待人类社会的各种关系，但未论及处理企业间关系的行为准则问题。道家则强调处理人际关系时策略的重要性，提出运用策略的目的是为了获得优势。

Fang[14]运用一个案例，分析了中国文化对中国企业适应行为的影响。案例中，上海的一家造船厂根据丹麦船主的要求，将发动机类型由中速型改为低速型，这将涉及大量的技术和管理工作。造船厂之所以愿意进行调整，是因为丹麦船主曾帮助造船厂解决涂漆问题。造船厂做出这一适应行为是对丹麦船主先前给予帮助的友好反馈，遵循了互惠性关系规范。由此，笔者认为，儒家和道家思想是中国固有的文化力量，指导中国人在处理人际关系时遵循互惠原则，企业间的适应实质上是人与人之间的适应。中国企业做出适应行为可能并不是出于理性的思考，而是受到互惠性价值观的影响。

2.4.3 相关成本、收益与供应商适应行为

根据已有研究可以发现，相关成本和收益也是影响供应商适应行为的重要因素。

供应商为了做出适应行为，需要付出成本，需要在关系中投入资源。通过做出适应行为，供应商也能够从双方关系中获得收益[35]。学者指出，在制造商—供应商二元关系中，供应商向制造商做出适应行为是一种决策。供应商在决定是否向特定制造商做出适应行为时，需要比较相关成本和收益。供应商向制造商做出适应行为，通常是在比较相关成本和收益的情况下做出的。因此，相关成本和收益影响供应商适应行为。适应行为将产生转换成本和机会成本，旨在为特定制造商创造价值的关系专用性投资（如专用性生产设备），这类投资具有很高的转换成本。随着与特定制造商业务关系的结束，这些投资将难以为其他制造商创造价值，这些投资将会出现不同程度的贬值。同时，资源约束使供应商需要在诸多业务机会中进行选择，适应行为因而具有机会成本。供应商为了与制造商达成交易，可能需要放弃其他良好的业务机会，付出的成本促成了供应商适应行为。通过做出适应行为，供应商能够获得收

益，包括有形收益和无形收益。有形收益包括增加收入、节约成本等，无形收益包括增进双方关系、形成关系专用性资产等。学者认为，供应商做出适应行为是一种投资，需要进行决策，需要进行收益——成本分析。通过比较相关成本和收益，从而判断是否做出适应行为，以及在哪些方面对特定制造商做出适应行为。通常，供应商希望在既定成本下，赢得更高的收入，或与特定制造商建立有价值的社会关系。供应商因而有意愿在更广范围内对能够为自身带来更高收益的制造商做出适应行为[4]。

供应商适应行为影响因素的主要研究成果如表 2-2 所示。

表 2-2　供应商适应行为影响因素的主要研究成果

影响因素	代表作者	主要结论
供应商管理导向	Brennan 和 Turnbull[6]；Brennan 等人[4]	供应商适应行为与供应商采用的管理导向密切相关
制造商管理导向	Brennan 等人[4]	制造商管理导向促使供应商做出适应行为
沟通	Canning 和 Hanmer-Lloyd[30]	沟通是供应商适应行为整个过程的首要步骤
供应商依赖	Brennan 等人[4]；Mukherji 和 Francis[15]	供应商对特定制造商的依赖对供应商适应行为具有正向影响
供应商信任	Brennan 和 Turnbull[6]	供应商信任制造商对供应商适应行为具有正向影响
	Mukherji 和 Francis[15]	供应商信任制造商对供应商适应行为具有负向影响
供应商承诺	Brennan 和 Turnbull[6]；Canning 和 Hanmer-Lloyd[30]	供应商对制造商承诺促使前者做出适应行为
互惠性价值观	Hallén 等人[13]；Fang[14]	供应商适应行为受到互惠性价值观的影响

续表

影响因素	代表作者	主要结论
适应行为的成本	Wilkinson 和 Young[36]；Ahmad 和 Buttle[37]	供应商在决定是否向特定制造商做出适应行为时，需要考虑相关成本（转换成本和机会成本）
适应行为的收益	Moller 和 Wilson[38]	供应商在决定是否向特定制造商做出适应行为时，需要考虑相关收益（有形收益和无形收益）

2.5 现有研究评述

供应商适应行为管理属于供应链管理范畴，近年来成为学者关注的热点。学者围绕供应商适应行为相关问题展开研究，在界定供应商适应行为内涵的基础上，考察了供应商适应行为的内容，分析了供应商适应行为的特性，探讨了供应商适应行为对供应商、制造商以及双方关系的影响效应，并探索了供应商适应行为的影响因素问题。学者希望通过研究，把握供应商适应行为的内涵和外延，明确供应商适应行为的特性，分析供应商适应行为产生的影响，从而通过研究供应商适应行为的影响因素，揭示供应商适应行为的源起，促使供应商主动向制造商做出适应行为，为制造商创造价值。

已有研究表明：①供应商适应行为是供应商开展的旨在满足制造商需求的活动，旨在服务于制造商开展运营活动。供应商适应行为具有多方面的表现，包括供应商调整产品规格、生产技术、生产过程，改变存货持有量，为制造商提供技术服务等。供应商适应行为涉及产品、生产、技术、人员等多个方面。学者在考察供应商适应行为的内容时，出发点是制造商开展运营活动对供应商的需求，需要供应商提供哪些方面的支持，关注于供应商对制造商运营活动的适应。②供应商适应行为具有两大特性，即关系专用性和动态性。供应商适应行为的关系专用性是指，离开了特定制造商—供应商二元关系，供应商先前做出的适应行为通常难以服务于其他制造商。供应商适应行为通常只能够在特定制造商—供应商二元关系中发挥最大作用，为特定制造商创造价值。因此，供应商适应行为旨在与特定制造商建立异质关系。供应商适应行为的动态性是指，在制造商—供应商二元关系的不同阶段，供应商适应行为在内容和程度上并非一成不变，而是会发生变化。在双方关系的早期，供应商适应行为的目的是双方建立业务关系，将供应商提供的生产要素和制造商需求相匹配。随着双方关系的演进，供应商适应行为的侧重点递进为支持和拓展双方业务活动，维持双方互动。换言之，随着与特定制造商业务关系的推进，供应商应根据双方关系的需要做出适应性变化，增强对外部环境的适应能力。③供应商适应行为是一种有益的关系行为，对供应商、制造商及双方关系均具有积极影响。供应商适应行为能够为供应商创造价值，提升市场竞争力；供应商适应行为能够有效支持制造商开展运营活动，帮助制造商提高运营活动的效率和效果。而且，供应商适应行为能够保证制造商和供应商建立长期业务关系，提高关系质量，增强双方关系的竞争力。④在供应商适应行为的影响因素方面，供应商和制造商所秉持的管理导向均是促使供应商做出适应行为。存在于制造商—供应商二元关系中的沟通，互惠性价值观，供应商对制造商的信任、承诺、依赖对供应商适应行为具有正向影响。同时，做出适应行为是一种决策，供应商需要考虑相关成本和收益。供应商通过比较相关成本和收益，以决定是否对特定制造商做出适应行为，以及在哪些方面做出适应行为。

已有研究成果有助于把握供应商适应行为的内涵，认识其多方面的表现，明确供应商适应行为的特性，揭示供应商适应行为的影响效应，掌握供应商适应行为的影响因素。通过认识供应商适应行为的内容，有助于了解制造商—供应商双方的互动内容，认识双方互动过程，为制造商开展供应商适应行为管理活动奠定基础。已有研究成果有助于掌握供应商适应行为的特性，深刻认识供应商适应行为，将供应商适应行为与其他关系行为（如信息交换、团结）区分开来，为进一步研究奠定基础。已有研究成果有助于认识供应商适应行为的影响因素，解释供应商做出适应行为的原因，指导制造商开展供应商适应行为管理活动。

遗憾的是，学者虽然已经认识到供应商适应行为具有多方面的表现，却未明确指出供应商适应行为的内容结构，供应商适应行为的维度仍然未知。学者在进行实证研究时，通常选择供应商在产品、生产计划、生产技术以及人员等方面的适应行为，构建量表测量供应商适应行为构念。虽然 Walter 和 Ritter[12]运用探索性因子分析法，从供应商适应行为诸多方面的表现中提取两个公共因子，但并未运用验证性因子分析法对探索性因子分析得出的因子结构进行验证，也未对量表的信度和效度进行检验。目前，缺少一套有效的供应商适应行为构念测量量表，且有必要针对供应商适应行为的内容结构展开专门研究，并构建一套信度和效度良好的供应商适应行为构念测量量表。

同时，学者虽然已经认识到供应商适应行为受到一些因素的驱动，探索并验证了一些因素对供应商适应行为的影响。然而，学者并未指出影响因素包括哪些层面，未明确应该从哪些层面提取因素。一些因素通过案例法（如互惠因素[14]）、访谈法（如沟通因素[30]）获取，其影响效应未进行实证检验。这不利于建立对于供应商适应行为影响因素的整体认识，不利于从多层面、多视角认识供应商适应行为的原因，未能反映各因素在促使供应商做出适应行为过程中起到的作用。后续的研究有必要通过理论分析，揭示供应商适应行为影响因素归属的层面，从各层面提取因素，分析并检验这些因素对供应商适应行为的影响。同时，探索因素的作用机理，揭示各因素在促使供应商做出适应行为过程中所起到的作用，明确因素间的影响关系。

综上，本书研究以下两个问题：供应商适应行为的内容结构及测量；供应商适应行为的影响因素。厘清供应商适应行为的维度，构建一套信度和效度良好的供应商适应行为构念测量量表。基于管理理论，分析供应商适应行为涵盖的层面，通过理论分析和企业访谈从各层面提取因素，通过实证方法检验因素的影响，揭示因素的作用机理。

3 供应商适应行为的内容结构及测量研究

本部分旨在探讨供应商适应行为的内容结构，构建供应商适应行为构念测量量表。供应商适应行为的内容结构是指，供应商适应行为内容形成的结构，表现为一些相互联系的维度。构念（Construct）是一种变量，是抽象的、潜在的，而不是具体的、可观察的。有学者认为，商业管理中的每个概念都是构念，是为了科学研究中某个特别目的而创造出来的[39]。刘军[40]提出，构念测量及内容结构确定由 6 个步骤组成：回顾文献；专家和企业访谈；明确概念范围；形成测量题项和量表；收集资料；量表的品质评估。

参照上述方法，本部分采用以下步骤确定供应商适应行为的内容结构，并构建供应商适应行为构念测量量表。第一步，对已有研究进行分析，掌握学者在考察供应商适应行为外在表现时所选用的视角以及得出的主要结论；第二步，选取典型企业，进行深入访谈，对已有研究成果进行验证和补充；第三步，基于文献和访谈，构建初始量表，收集小样本数据进行预测试，确定正式测量量表；第四步，收集数据，通过探索性因子分析法提取公共因子，确定供应商适应行为构念的维度，明确供应商适应行为构念的内容结构，并运用验证性因子分析法检验因子结构的稳定性；第五步，检验量表的信度和效度；第六步，根据所含题项的信息，对公共因子进行命名，并对研究结果进行讨论。

3.1 量表编制

本部分通过文献研究和企业访谈获取测量题项，构建初始测量量表；收集小样本数据进行预测试，进而形成供应商适应行为构念正式测量量表。

3.1.1 文献研究

Håkansson[10]将供应商适应行为的内容按照性质分为两类：交换要素方面的适应行为和交换过程方面的适应行为。其认为，交换要素方面的适应行为包括供应商为了满足制造商对交换要素的需求，重新配置生产资源，对生产过程、生产能力进行合理调整，生产出适当规格的产品。交换过程方面的适应行为发生在供应商向制造商提供生产要素的过程中，包括供应商调整存货持有量、交货程序以及信用政策，涉及的问题是供应商以某种方式和条件将生产要素交付于制造商。可以看出，Håkansson[10]确定供应商适应行为内容的视角是制造商开展运营活动对供应商的需求，即制造商开展运营活动需要供应商提供哪些方面的支持。后续学者在考察供应商适应行为的内容时，基本上都按照Håkansson[10]的研究思路。例如，Hallén 等人[13]在实证研究中，从供应商调整产品规格、生产过程和存货放置地点政策 3 个方面入手，测量供应商适应行为构念。Brennan 和 Turnbull[4]认为，供应商适应行为不仅包括 Håkansson[10]所列的 8 方面内容，还涵盖供应商在信息交换和组织结构方面所做出的改变。值得注意的是，Walter 和 Ritter[12]在已有研究的基础上，从供应商多个方面适应行为中提取两个公共因子，即绩效创造因子和绩效交换因子。然而，他们仅进行探索性因子分析，并未对供应商适应行为内容的二维结构进行验证。Mukherji 和 Francis[15] 在进行实证研究时，仅考虑供应商在交换要素方面的适应行为，从供应商调整产品规格、生产过程以及生产计划 3 方面测量供应商适应行为构念。

国外学者在考察供应商适应行为的内容时，主要关注产品规格、生产计划、生产过程、交货条款、信息交换、信用政策以及人员等方面，展开分析的出发点是制造商开展运营活动对供应商的需求，即制造商为了有效开展运营活动，需要供应商在哪些方面进行响应和支持，做出适应性变化（Adaptive changes）。供应商适应行为的内容包括多方面，具有某种结构，供应商适应行为因而涵盖多个维度。国外学者虽然从诸多方面探讨了供应商适应行为的内容，却未针对供应商适应行为的内容结构展开专门研究，未探讨供应商适应行为的维度问题。Walter 和 Ritter[12] 试图确定供应商适应行为的维度，其进行的探索性因子分析的结论有待于验证性因子分析的检验。相比较而言，国内学者对于企业适应问题的研究主要集中在企业对外部环境的适应上，属于企业在宏观层面的适应。国内缺少对企业间适应问题特别是供应商对制造商适应问题的研究。在我国情境下，供应商适应行为包括哪些方面的内容未知，供应商适应行为的内容结构也未知。

通过对已有研究成果进行分析、整理，共获得供应商适应行为构念测量题项 17 项，据此设计访谈提纲，具体内容如附录 1 所示。

3.1.2 企业访谈

笔者认为，有必要选取典型企业进行深入访谈，以保证设计的量表能够符合企业实际，反映我国情境下供应商适应行为的内容，提高量表的内容效度。

笔者设计好访谈提纲，先后赴西安华雷船舶实业有限公司、山东鲁能泰山电力设备有限公司、斯派莎克工程（中国）有限公司和中兴通讯股份有限公司，与这些企业的销售经理、运营经理或采购经理进行深入访谈。具体访谈对象为：西安华雷船舶实业有限公司和山东鲁能泰山电力设备有限公司的采购经理；斯派莎克工程（中国）有限公司的销售经理；中兴通讯股份有限公司的运营经理。被访者在各自企业的工作时间均超过3年，教育水平均在大学本科以上，其对供应商做出适应行为的情况比较了解（访谈提纲见附录1）。首先，笔者向他们说明了国外学者关于供应商适应行为内涵、外延的认识，请他们结合企业实际，阐述对于供应商适应行为内容的认识。决定访谈终止的原则是“饱和”原则，即在访谈中没有出现新的内容就停止访谈。访谈过程中，西安华雷船舶实业有限公司的采购经理指出，供应商需要根据其所在公司对产品规格的要求，缩小产品尺寸公差。山东鲁能泰山电力设备有限公司的采购经理强调，一些创新能力强的供应商不仅能够提供原材料、零部件以及机器设备等生产要素，而且已经在其所在公司开发新产品的早期阶段便参与进来，通过参加其所在公司组建的新产品开发团队，提供专业知识和技术，共同确定新产品开发方案，为其所在公司以最低的成本、最快的速度推出新产品做贡献。这些供应商满足了制造商开发新产品的需求。斯派莎克工程（中国）有限公司的销售经理指出，供应商控制物料的库存量、参与制造商生产工艺改进也是供应商适应行为的内容。其所在公司已经开始参与客户（制造商）生产工艺改进，通过灵活调整蒸汽使用量，满足客户节约能源的需求。中兴通讯股份有限公司的运营经理强调，供应商调整交货流程、调整产品的运输方式以及参与制造商长期生产能力计划制定是供应商适应行为的内容。一些关键供应商已经开始参与其所在公司长期生产能力计划制定，通过整合双方资源，保持双方运营活动协调一致。

通过访谈笔者发现，国外学者提及的供应商适应行为内容在我国企业中存在。但在特定制造商—供应商二元关系中，供应商适应行为具有不同的表现，具有不同的侧重点。值得说明的是，被访者均认为，在我国，供应商适应行为除了包括国外学者所提及的内容外，还应该包括供应商参与制造商制定和实施运营战略。这些适应行为包括：供应商参与制造商新产品开发；供应商参与制造商长期生产能力计划制定；供应商参与制造商生产工艺改进。供应商在以上方面做出的适应行为，是共同对制造商的运营过程和运营系统进行设计和改进，帮助制造商制定科学、有效的运营战略，并提高运营战略的实施效率和效果。企业访谈证实了国外学者提及的供应商适应行为内容在我国存在，并以此获取 7 个新测量题项。

结合文献研究和企业访谈成果，归纳、整理反映供应商适应行为内容的测量题项，编制基于我国情境的供应商适应行为构念初始测量量表，具体测量题项如表 3-1 所示。

表 3-1　供应商适应行为构念的初始测量题项

题项编号	题项内容 为了满足该制造商需求，我公司……	题项编号	题项内容 为了满足该制造商需求，我公司……
Q1	改变了产品规格	Q13	控制物料的库存量
Q2	改变了产品特性	Q14	按照制造商规定的交货期交货
Q3	开发专用性产品	Q15	延长制造商付款的信用期
Q4	调整了生产能力	Q16	为制造商提供数量折扣
Q5	调整了生产技术	Q17	为制造商提供产品使用方面的建议
Q6	使用新的生产工具	Q18	针对制造商在使用产品过程中出现的问题，为其提供解决方案
Q7	调整生产计划	Q19	调整产品的运输方式
Q8	缩小产品尺寸公差	Q20	配备专业知识强的营销人员

续表

题项编号	题项内容 为了满足该制造商需求，我公司……	题项编号	题项内容 为了满足该制造商需求，我公司……
Q9	提高物料质量	Q21	为制造商的生产人员提供产品使用的培训
Q10	供应商调整交货流程	Q22	参与制造商长期生产能力计划的制定
Q11	改进产品的质量控制流程	Q23	参与制造商的新产品开发活动
Q12	改变产品放置地点政策	Q24	参与制造商生产工艺的改进

注："我公司"指供应商，这种表述的问卷由供应商填写；由制造商填写的问卷中，将"我公司"替换为"该供应商"，将"该制造商"替换为"我公司"（下同）。

3.1.3 正式量表的形成

结合已有研究以及企业访谈的成果，笔者共获取供应商适应行为构念测量题项 24 项，据此编制供应商适应行为构念初始测量量表。

在对供应商适应行为构念进行初始测量后，还需要进行预测试，以便对初始测量量表的有效性进行分析。根据分析结果，对测量题项进行修正或删除，从而产生正式问卷，为通过大样本调查获取数据奠定基础[41]。测量量表有效性的主要评价指标包括信度评价和效度评价两方面。收集小样本数据进行预测试，检验供应商适应行为构念初始测量量表的信度和效度，对测量题项进行净化处理。具体程序如下：首先，通过预测试，评价量表内容效度；其次，运用探索性因子分析法，对初始测量量表进行结构效度评价，根据相关准则，剔除不合格题项；最后，在上一步的基础上，计算剩余题项的 Cronbach's α 系数值，检验量表信度。问卷在西安、北京、上海、杭州、广州 5 市发放，共发放问卷 202 份，回收 191 份，有效问卷 186 份。

首先，评价初始量表的内容效度，调查对象为供应链管理研究方向 9 名博士研究生和制造商采购部门、生产部门人员以及供应商销售部门人员，以及 6 位供应链管理研究领域专家。根据反馈信息，对问卷的题项选择、问题易懂性、术语准确性等方面进行完善，修改容易引起歧义或表述模糊的题项。通过上述步骤，可以认为量表所列题项能够准确反映供应商适应行为构念的内涵，体现供应商适应行为的内容，量表内容效度因而得到保证。

其次，运用探索性因子分析法，评价初始量表的结构效度。在进行因子分析前，先进行 KMO 检验和 Bartlett 球形检验，以判断测量题项是否适合做因子分析，检验结果如表 3-2 所示。检验结果表明，KMO 值为 0.702，大于 0.7；Bartlett 球形检验的相伴概率为 0.000，表明适合进行因子分析。

表 3-2 预测试中供应商适应行为变量 KMO 检验和 Bartlett 球形检验

变量	检验方法			
	KMO 检验	Bartlett 球形检验		
		近似χ^2值	自由度	相伴概率
供应商适应行为	0.702	7386.103	276	0.000

采用主成分分析法提取公共因子，选择特征值大于 1 的公共因子，并采用方差极大法进行因子载荷矩阵旋转。探索性因子分析结果如表3-3所示。共提取 7 个公共因子。参照查金祥[42]等给出的判断标准删除题项，保证量表的结构效度。具体标准为：①删除自成一个因子的题项，因为其没有内部一致性；②删除因子涵盖题项个数小于 3 的题项；③题项在所属因子的载荷值大于 0.5，则其具有收敛效度，否则予以删除；④题项在其所属因子上的载荷值须接近于 1，在其他因子上的载荷值须接近于 0，这种情况表明区分效度良好。因此，如果题项在两个或两个以上因子上的载荷值均小于 0.5，或者在两个或两个以上因子上的载荷值均大于 0.5，属于横跨因子现象，应予以删除。

题项 Q6 自成一个因子，Q10 在任何一个因子上的载荷均未大于 0. 5，Q19 和 Q20 组成一个因子。依据上述标准，以上 4 个题项应予以删除。在删除上述 4 个题项后，可保证量表的结构效度。

表 3-3　预测试中供应商适应行为构念探索性因子分析

题项	因子 1	因子 2	因子 3	因子 4	因子 5	因子 6	因子 7
Q3	0. 912	-0. 087	0. 044	0. 074	0. 019	-0. 087	-0. 092
Q4	0. 907	-0. 093	0. 027	0. 076	0. 031	-0. 076	-0. 074
Q2	0. 896	0. 070	0. 028	-0. 014	0. 127	0. 016	0. 050
Q5	0. 863	0. 027	0. 082	-0. 017	0. 173	0. 012	0. 108
Q1	0. 851	0. 082	0. 049	0. 039	0. 137	0. 029	0. 109
Q14	-0. 011	0. 977	0. 046	0. 047	0. 105	0. 031	0. 003
Q13	-0. 001	0. 972	0. 030	0. 035	0. 121	0. 029	0. 000
Q11	0. 009	0. 966	0. 097	0. 066	0. 169	-0. 045	0. 002
Q12	0. 001	0. 963	0. 082	0. 064	0. 145	-0. 039	-0. 043
Q24	0. 073	0. 042	0. 977	0. 096	0. 045	0. 115	-0. 011
Q23	0. 068	0. 039	0. 976	0. 095	0. 057	0. 111	-0. 004
Q21	0. 045	0. 063	0. 959	0. 112	-0. 044	0. 060	0. 004
Q22	0. 040	0. 107	0. 944	0. 011	0. 028	0. 150	-0. 042
Q16	0. 087	0. 026	0. 078	0. 953	-0. 076	-0. 049	0. 058
Q18	-0. 033	0. 082	0. 103	0. 950	0. 072	0. 019	-0. 060
Q15	0. 077	-0. 020	0. 075	0. 931	-0. 045	0. 100	0. 090
Q17	0. 018	0. 120	0. 047	0. 922	0. 068	-0. 015	-0. 134
Q8	0. 143	0. 146	0. 031	-0. 025	0. 954	-0. 003	0. 037
Q9	0. 186	0. 155	0. 035	-0. 015	0. 951	0. 000	0. 009
Q7	0. 123	0. 211	0. 011	0. 055	0. 905	0. 027	-0. 013
Q20	-0. 045	0. 000	0. 150	0. 030	0. 024	0. 948	0. 084
Q19	-0. 044	-0. 024	0. 230	0. 015	-0. 003	0. 929	-0. 076
Q6	0. 218	0. 090	0. 043	0. 059	-0. 093	0. 012	0. 728
Q10	0. 124	0. 113	0. 078	0. 085	-0. 111	0. 002	-0. 704

最后，对剩余 20 个测量题项进行信度分析。通过 Cronbach's α 系数检验量表的内部一致性。量表的 Cronbach's α 系数值为 0.856，表明量表题项间具有良好的内部一致性，量表具有较高信度。

综上，形成由 20 个题项组成的供应商适应行为构念正式测量量表，具体内容见附录 4。正式调查问卷由两部分组成：第一部分是关于调查对象的基本信息，包括学历、工作年限、工作职务、企业性质、行业类型以及所在地等内容；第二部分是供应商适应行为构念的正式测量量表。量表采用李克特 5 点计分法测量，即题项计分 1、2、3、4、5 分别代表调查对象对该题项所述内容表示完全不同意、基本不同意、说不清楚、基本同意、完全同意。

3.2 数据收集

3.2.1 样本对象

供应商适应行为由供应商做出，旨在满足制造商特定需求。无论是通用设备制造商，专用设备制造商，还是其他类型的制造商（如通信设备制造商），均需要供应商做出适应行为，支持制造商开展运营活动。本书旨在厘清供应商适应行为构念的内容结构，明确供应商适应行为构念的维度。将不同行业类型的制造商纳入调查对象，从中收集数据，有助于反映不同制造行业的共性，反映制造商和供应商互动内容，提高研究结论的适用性，达到研究目的。

综上，参照制造业分类标准，将通用设备制造业、专用设备制造业、交通运输设备制造业、电气机械及器材制造业以及通信设备、计算机及电子设备制造业的制造商及其供应商作为调查对象，从这些样本企业中获取数据，考察供应商适应行为的内容结构，厘清供应商适应行为构念的维度。

3.2.2 调查对象

为了保证问卷填写质量，获取有效数据，得出有效研究结论，有必要选择合适的调查对象。合适的调查对象应为在企业中从事相关工作、能够很好理解问卷内容的人员。

供应商适应行为发生在特定制造商—供应商二元关系中，由供应商做出，旨在满足制造商需求。供应商做出适应行为的过程主要表现为供应商根据制造商采购部门的要求，由生产人员、技术人员、销售人员在产品、生产工艺、生产能力、交货期、技术等方面做出适应性变化，满足制造商需求。从供应商方面而言，供应商做出适应行为过程的主要参与方是供应商销售人员、生产人员和技术人员。供应商生产人员主要在产品、生产技术、生产计划等方面做出适应性变化，满足制造商对原材料、零部件等生产要素的需求。供应商技术人员和销售人员主要在技术以及交货等方面做出适应行为，以制造商需求的方式交付原材料、零部件等生产要素。制造商采购人员对供应商提出的要求体现了自身运营、技术等部门的愿望。从制造商方面而言，供应商做出适应行为过程的主要参与方是制造商采购人员、生产人员和技术人员。因此，以供应商销售人员、生产人员、技术人员以及制造商采购人员、生产人员和技术人员为调查对象，能够保证问卷内容被更好理解，提高填答质量，得出有效结果。

综上，选择供应商销售人员、生产人员、技术人员以及制造商采购人员、生产人员和技术人员作为调查对象，回答在特定制造商—供应商二元关系中，供应商适应行为的具体表现是较为合理的选择。

3.2.3 问卷发放与回收

为了确保问卷内容能被更好理解，尽可能减少偏差，在问卷指导语中说明：问卷调查结果仅用于学术研究，不会用于商业用途；调查对象填写的答案没有对错之分，仅反映调查对象对相关问题的认识；问卷不记名，对填写的信息予以保密。

笔者登录中国企业联合会、中国企业家协会等网站，整理出国内制造类企业名单；与这些企业的销售经理、采购经理、运营经理和技术主管取得联系，请求他们组织本企业部门人员进行问卷填写，并委托他们负责回收问卷。为提高问卷回收率并保证回收质量，在发放问卷过程中通过电话、电子邮件等方式与被调查对象保持联系，并解释问卷中专用名词的含义。同时，对于个别不知答案的题项，请他们和部门经理、主管联系。调查问卷主要通过电子邮件发放，或在访谈时现场发放和回收。

笔者共向我国 11 个省和直辖市（陕西、河南、湖北、辽宁、广东、四川、浙江、山东、江苏、上海、重庆）的 132 家制造类企业发放 782 份问卷，收回 499 份，剔除无效问卷 11 份，共得到有效问卷 488 份，问卷回收率为 63.81%，问卷有效率为 62.40%。

表 3-4 样本背景资料的分布情况

项目	类别	样本数（个）	构成比（%）
学历	高中	42	8.61
	大专	50	10.25
	本科	232	47.54
	研究生	164	33.61

续表

项目	类别	样本数（个）	构成比（%）
工作年限	5 年以下	132	27.05
	6~10 年	145	29.71
	11~15 年	153	31.35
	20~25 年	32	6.56
	25 年以上	26	5.33
工作职务	供应商销售人员	110	22.54
	供应商生产人员	85	17.42
	供应商技术人员	96	19.67
	制造商采购人员	95	19.47
	制造商运营经理	10	2.05
	制造商生产人员	56	11.48
	制造商技术人员	36	7.38
企业性质	国有控股	242	49.59
	外商独资	120	24.59
	中外合资	126	25.82
行业类型	通用设备制造业	132	27.05
	通信设备制造业	113	23.16
	专用设备制造业	135	27.66
	交通运输设备制造业	108	22.13

样本背景资料的分布情况如表 3-4 所示。样本的学历方面，本科和研究生共占比 81.15%，表明绝大部分调查对象具有较高文化水平，从而保证了调查数据质量。样本的工作年限方面，72.95%的调查对象在企业的工作时间超过 5 年，从而对企业实际运营状况具有较为全面、深刻的了解，能够保证准确填答问卷。样本的工作职务方面，供应商方面涵盖销售人员、生产人员、技术人员，制造商方面涵盖采购人员、运营经理、生产人员和技术人员。从供应商方面收集数据占比

59.63%，从制造商方面收集数据占比40.37%，双方收集的问卷数量较为均衡，有助于保证研究结果的有效性。而且，从双方企业边界人员（供应商销售人员、制造商采购人员）回收有效问卷205份，占比42.01%，符合研究要求。样本的企业性质方面，国有控股、外商独资和中外合资分别占比49.59%、24.59%和25.82%，从3种性质企业收集的问卷数量较为均衡，能够反映不同性质企业的实际情况。样本的行业类型方面，通用设备制造业、通信设备制造业、专用设备制造业和交通运输设备制造业各占比27.05%、23.16%、27.66%和22.13%，涵盖多个制造行业，且从各类制造行业收集数据的数量较为均衡。样本涵盖多种行业类型，有助于反映多个行业情况和各行业的共性，拓宽研究结果的适用性。

3.3　统计分析

运用统计方法，确定供应商适应行为构念的内容结构，厘清供应商适应行为构念的维度，构建一套信度和效度良好的供应商适应行为构念测量量表。具体做法为：将样本随机分半，采用SPSS 13.0统计软件对第一个样本组（N=244）进行探索性因子分析，探索供应商适应行为的内容维度，初步得出供应商适应行为的维度；对于第二个样本组（N=244），采用AMOS 5.0统计软件进行验证性因子分析，分析探索性因子分析结果的稳定性，并检验量表的信度及效度。根据所含题项的内容，对公共因子进行命名，对研究结果进行讨论。

3.3.1　探索性因子分析

首先进行项目分析。将问卷数据分为高低两组，以独立样本T检验考察两组在每个题项上的差异，删除T检验结果未达显著的题项（$\alpha>0.05$）。经检验，所有题项均达显著（$\alpha<0.05$），表明问卷的所有题项均能鉴别受试者的反应程度。

对样本数据进行取样适当性数值KMO的计算以及Bartlett球形检验，以判断量表题项是否适合进行因子分析，正式量表的KMO值为0.703，说明样本的充足度比较高。Bartlett球形检验的χ^2值为3199.433（自由度为190），相伴概率为0.0000，小于0.05，表明量表的各题项之间存在相关性，适合进行因子分析。综合KMO数值以及Bartlett球形检验结果，认为量表题项适合进行因子分析。

表3-5 删除题项前量表整体解释的变异数

因子	初始特征值			平方和负荷量抽取			转轴平方和负荷量		
	特征值	方差贡献率（%）	累计方差贡献率（%）	特征值	方差贡献率（%）	累计方差贡献率（%）	特征值	方差贡献率（%）	累计方差贡献率（%）
1	4.516	22.582	22.582	4.516	22.582	22.582	2.716	13.581	13.581
2	2.753	13.765	36.347	2.753	13.765	36.347	2.651	13.253	26.834
3	2.389	11.946	48.293	2.389	11.946	48.293	2.427	12.137	38.971
4	1.981	9.907	58.200	1.981	9.907	58.200	2.426	12.132	51.103
5	1.587	7.935	66.135	1.587	7.935	66.135	2.229	11.146	62.248
6	1.293	6.464	72.599	1.293	6.464	72.599	2.070	10.351	72.599

进行探索性因子分析的步骤如下：运用主成分分析法提取公共因子，选择特征值大于1的因子，采用方差极大法进行因子旋转，剔除自成一个因子、在两个及以上因子的载荷均小于0.5或者均大于0.5以及因子涵盖题项数小于3的题项。共进行两次因子分析，如表3-5所示，第一次因子分析共提取6个公共因子，累计解释变异量72.599%。运用方差极大法进行因子旋转后，共删除3个题项，分别为Q7、Q8和

Q16。理由为：如表 3-6 所示，Q7 和 Q8 组成一个因子，该因子涵盖的题项数小于 3；Q16 在任何一个因子上的载荷均小于 0.5。在删除这 3 个题项后，量表 KMO 值为 0.720，Bartlett 球形检验 χ^2 值为 2426.888（自由度为 136），相伴概率为 0.0000，小于 0.05，表明剩余题项仍然适合进行因子分析。如表 3-7、表 3-8 所示，第二次因子分析共提取 5 个特征值大于 1 的公共因子，运用方差极大法进行因子旋转后，各题项在所属因子上的载荷介于 0.686～0.965，共同度介于 0.548～0.938。5 个因子的方差贡献率均大于 7%，最高的达到 23.531%，累计方差贡献率为 71.398%，能解释原变量的大部分结构，反映了原变量大部分信息，探索性因子分析完成。

表 3-6　第一次因子分析转轴后的因子矩阵

题项	因子 1	因子 2	因子 3	因子 4	因子 5	因子 6
Q13	0.826	0.167	0.162	0.051	0.068	0.086
Q11	0.794	0.150	0.143	-0.039	0.110	-0.098
Q12	0.703	0.094	-0.049	0.017	0.047	0.276
Q10	0.703	0.256	0.112	0.016	0.056	0.152
Q9	0.269	0.867	-0.055	-0.008	-0.029	0.068
Q6	0.044	0.800	0.012	0.131	0.045	-0.034
Q4	0.163	0.713	-0.018	-0.141	0.125	0.122
Q5	0.196	0.695	0.007	0.115	0.034	0.280
Q1	0.102	-0.140	0.888	-0.057	-0.019	0.051
Q2	0.044	-0.066	0.885	0.048	-0.007	0.058
Q3	0.179	0.167	0.752	-0.127	0.133	-0.002
Q14	-0.024	-0.028	0.016	0.967	-0.075	-0.007
Q17	-0.029	-0.021	0.009	0.965	-0.074	-0.006
Q15	0.059	0.150	-0.206	0.676	0.123	-0.148
Q19	0.078	0.048	0.009	-0.035	0.882	0.021
Q18	0.073	0.060	-0.044	-0.014	0.837	0.141

续表

题项	因子 1	因子 2	因子 3	因子 4	因子 5	因子 6
Q20	0.048	0.039	0.095	0.016	0.796	0.052
Q8	0.096	0.129	0.038	-0.077	0.100	0.950
Q7	0.153	0.204	0.017	-0.092	0.133	0.929
Q16	0.425	0.032	0.410	-0.103	-0.052	-0.195

表 3-7 删除题项后量表整体解释的变异数

因子	初始特征值			平方和负荷量抽取			转轴平方和负荷量		
	特征值	方差贡献率（%）	累计方差贡献率（%）	特征值	方差贡献率（%）	累计方差贡献率（%）	特征值	方差贡献率（%）	累计方差贡献率（%）
1	4.000	23.531	23.531	4.000	23.531	23.531	2.629	15.465	15.465
2	2.670	15.706	39.236	2.670	15.706	39.236	2.594	15.260	30.725
3	2.197	12.921	52.157	2.197	12.921	52.157	2.413	14.194	44.919
4	1.976	11.622	63.779	1.976	11.622	63.779	2.296	13.504	58.423
5	1.295	7.619	71.398	1.295	7.619	71.398	2.206	12.975	71.398

表 3-8 转轴后的因子矩阵与各量表信度系数

题项	公共因子					共同度	Cronbach's α	
	因子 1	因子 2	因子 3	因子 4	因子 5		分量表	量表整体
Q9	0.871	0.260	-0.008	-0.065	-0.025	0.832	0.809	0.762
Q6	0.790	0.041	0.134	0.013	0.037	0.645		
Q5	0.723	0.227	0.100	0.014	0.049	0.587		
Q4	0.715	0.176	-0.144	-0.016	0.126	0.580		

续表

题项	公共因子					共同度	Cronbach's α	
	因子 1	因子 2	因子 3	因子 4	因子 5		分量表	量表整体
Q13	0.167	0.855	0.037	0.185	0.055	0.797	0.811	0.762
Q11	0.127	0.792	-0.039	0.154	0.086	0.676		
Q12	0.120	0.739	-0.001	-0.037	0.057	0.566		
Q10	0.278	0.686	0.010	0.095	0.068	0.561		
Q14	-0.025	-0.017	0.965	0.026	-0.076	0.938	0.857	
Q17	-0.017	-0.024	0.964	0.016	-0.073	0.935		
Q15	0.128	0.043	0.690	-0.205	0.110	0.548		
Q1	-0.135	0.119	-0.072	0.901	-0.027	0.850	0.829	
Q2	-0.057	0.051	0.035	0.889	-0.009	0.797		
Q3	0.167	0.174	-0.134	0.752	0.127	0.658		
Q19	0.048	0.076	-0.031	0.008	0.883	0.789	0.806	
Q18	0.074	0.081	-0.015	-0.045	0.848	0.733		
Q20	0.038	0.066	0.014	0.107	0.793	0.647		

3.3.2 验证性因子分析

为了检验探索性因子分析得出的供应商适应行为内容 5 个维度的稳定性，运用 AMOS 软件，对第二个样本组（N = 244）进行一阶验证性因子分析。构建的验证性因子分析模型如图 3-1 所示。CMIN/DF = 132.299/109 = 1.214<3，显著性概率值 P = 0.064>0.05，未达到 0.05 显著水平，接受虚无假设，说明样本数据与假设模型可以拟合。其他模型适配度指标方面，GFI 和 AGFI 值通常被视为绝对适配指标。如表 3-9 所示，GFI = 0.948>0.9，AGFI = 0.926>0.9，表明模型达到可以适配的标准。NFI、IFI、TLI 和 CFI 是基准线比较适配统计量。NFI = 0.956>0.9，IFI = 0.992>0.9，TLI = 0.99>0.9，CFI = 0.992>0.9，均符合模型适配标准，表明假设理论模型和观察数据的整体适配度良好。一般而言，RMSEA 值越小，表示模型的适配度越好。RMSEA = 0. 03<0. 05，表明模型适配度良好。

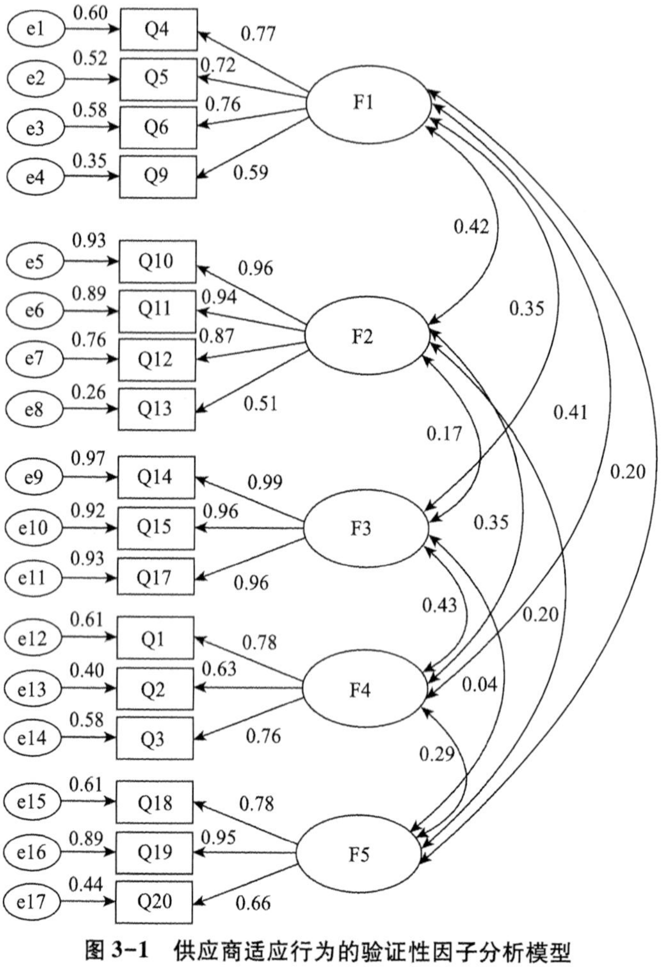

图 3-1　供应商适应行为的验证性因子分析模型

综上，模型统计量均达到理想数值，表明整体结构模型拟合良好。因此，探索性因子分析得出的供应商适应行为内容的 5 个维度是存在的，而且是稳固的。

表 3-9 验证性因子分析模型拟合分析

拟合指标	理想数值区间	指标值	拟合情况
CMIN/DF	1~3	1.214	很好
P	大于 0.05	0.064	很好
GFI	大于 0.9	0.948	很好
AGFI	大于 0.9	0.926	很好
CFI	大于 0.9	0.992	很好
NFI	大于 0.9	0.956	很好
IFI	大于 0.9	0.992	很好
TLI	大于 0.9	0.990	很好
RMSEA	小于 0.05	0.030	很好

3.3.3 信度与效度检验

1. 信度检验

研究采用内部一致性方法检验量表的信度。统计结果如表 3-8 所示。由表 3-8 可知，删除题项后，量表整体的 Cronbach's α 系数为 0.762，大于 0.7，说明量表整体的可靠性和稳定性较好。5 个分量表的 Cronbach's α 系数均大于 0.7，说明 5 个分量表也具有较高的信度。

2. 效度检验

效度检验包括内容效度检验和结构效度检验。在此，检验量表整体及 5 个分量表的内容效度和结构效度。

（1）内容效度检验。内容效度方面，在开发量表时，充分借鉴国外学者的研究成果，与制造商采购部门、生产部门人员以及供应商销售部门人员进行了深入访谈。初始问卷设计完成后，邀请企业相关人员进行了问卷的预测试，并征求了供应链管理研究领域专家的意见，在对问卷进行合理修正后，最终确定了用于大规模发放的问卷。因此，量表所列题项具有较高的代表性、针对性和综合性，最后确定的 20 个题项能够有效反映供应商适应行为的内容。可以认为，开发的整体量表以及 5 个分量表具有较高的内容效度。

（2）结构效度检验。结构效度检验包括收敛效度检验和区别效度检验，检验结果如表 3-10所示。收敛效度检验方面，根据一阶验证性因子分析结果，检查各个因子的平均变异抽取量（AVE）是否大于 0.5。5 个公共因子的 AVE 值分别为 0.513、0.711、0.940、0.532 和 0.645，均大于 0.5，表明量表的收敛效度良好。区别效度检验方面，比较各一阶因子 AVE 值的算术平方根是否大于其与其他因子的相关系数。各一阶因子 AVE 值的算术平方根均明显大于其与其他因子的相关系数，表明量表的区别效度良好。

经过探索性因子分析和验证性因子分析，最终形成由 5 个维度、17 个题项组成的供应商适应行为构念测量量表。检验结果表明，量表具有良好的信度和效度，为供应商适应行为的影响因素实证研究提供了可操作化工具。

表 3-10　量表结构效度检验

	AVE 值	因子 1	因子 2	因子 3	因子 4	因子 5
因子 1	0.513	0.716				
因子 2	0.711	0.419	0.843			
因子 3	0.940	0.346	0.173	0.970		
因子 4	0.532	0.413	0.350	0.434	0.729	
因子 5	0.645	0.197	0.201	0.042	0.288	0.803

注：对角线上的数字是各因子 AVE 值的算术平方根，对角线以下的数字是各因子之间的相关系数。

3.3.4　公共因子命名

本部分根据所含题项的信息，对各公共因子进行命名（见表 3-11）。

因子 1 涵盖 4 个题项，包括：供应商改进产品的质量控制流程（Q9），供应商调整生产计划（Q6），供应商调整生产技术（Q5），供应商调整生产能力（Q4）。这 4 个题项体现的事项指向生产过程，均反映供应商为了向制造商提供生产要素，对自身资源进行重新配置，对生产过程进行合理调整，故将因子 1 命名为生产适应行为。

因子 2 涵盖 4 个题项，包括：供应商为制造商提供数量折扣（Q13），供应商按照制造商规定的交货期交货（Q11），供应商延长制造商付款的信用期（Q12），供应商改变产品放置地点政策（Q10）。这 4 个题项体现的事项均发生在供应商完成产品生产后，反映了供应商在交货的过程中，以某种方式和条件将原材料、零部件等生产要素交付于制造商，故将因子 2 命名为交货适应行为。

因子 3 涵盖 3 个题项，包括：供应商为制造商提供产品使用方面的建议（Q14），供应商为制造商生产人员提供培训（Q17），供应商针对制造商在使用产品过程中出现的问题，为其提供解决方案（Q15）。这 3 个题项反映的事项发生在供应商产品完成后，均是指供应商为了保证制造商能够有效加工或装配提供的生产要素，为制造商提供技术信息，体现了供应商和制造商之间的知识互动，故将因子 3 命名为技术适应行为。

因子 4 涵盖 3 个题项，包括：供应商改变产品规格（Q1），供应商改变产品特性（Q2），供应商开发专用性产品（Q3）。这 3 个题项的事项指向产品，体现了供应商对生产要素本身所做的调整，故将因子 4 命名为产品适应行为。

因子 5 涵盖 3 个题项，包括供应商参与制造商新产品开发活动（Q19），供应商参与制造商长期生产能力计划制定（Q18），供应商参与制造商生产工艺改进（Q20）。这 3 个题项反映了供应商参与制造商运营战略的制定和实施，为制造商贡献专业的知识和技术，故将因子 5 命名为运营战略适应行为。

表 3-11　供应商适应行为构念的因子分析结果

序号	因子名称	涵盖的题项
1	生产适应行为	Q9：供应商改进产品的质量控制流程
		Q6：供应商调整生产计划
		Q5：供应商调整生产技术
		Q4：供应商调整生产能力
2	交货适应行为	Q13：供应商为制造商提供数量折扣
		Q11：供应商按照制造商规定的交货期交货
		Q12：供应商延长制造商付款的信用期
		Q10：供应商改变产品放置地点政策
3	技术适应行为	Q14：供应商为制造商提供产品使用方面的建议
		Q17：供应商为制造商的生产人员提供培训
		Q15：供应商针对制造商在使用产品过程中出现的问题，为其提供解决方案
4	产品适应行为	Q1：供应商改变产品规格
		Q2：供应商改变产品特性
		Q3：供应商开发专用性产品
5	运营战略适应行为	Q19：供应商参与制造商新产品开发活动
		Q18：供应商参与制造商长期生产能力计划制定
		Q20：供应商参与制造商生产工艺改进

3.3.5　结果讨论

研究表明，供应商适应行为构念的内容由 5 个维度构成，即交货适应行为、生产适应行为、技术适应行为、产品适应行为和运营战略适应行为。

制造商需要供应商围绕其运营活动开展活动，为提高前者运营活动的效率和效果做贡献。供应商需运用知识、技术、人力等资源，为制造商提供原材料、零部件等生产要素，并以合理方式将这些生产要素交付于制造商。为此，供应商需要对生产活动进行合理筹划，调整生产能力、生产技术、生产计划、改进产品的质量控制流程；合理调整产品规格和产品特性，甚至为制造商开发专用性产品；以制造商要求的方式和条件将生产要素交付于制造商，包括调整产品放置地点政策、调整交货期以及信用政策（信用期和数量折扣）等；为制造商提供产品使用方面的技术指导，包括为制造商提供产品使用方面的建议，提供产品使用过程中问题的解决方案，为制造商生产人员提供培训。供应商在生产、产品、交货以及技术等方面所做出的适应行为，通常发生在制造商运营战略已确定的情况下，旨在满足制造商开展日常运营活动的需求，可将其称为操作层面的适应行为。制造商除了开展日常运营活动外，还需要制定和完善运营战略，日益需要供应商积极参与，充分运用供应商的专业知识、技术、创新能力等资源。制造商需要关键供应商参与自身新产品开发活动、长期生产能力计划制定以及生产工艺改进，提高运营战略的科学性，增强实施效果。运营战略适应行为是供应商在参与制造商运营战略制定和实施的过程中做出的，可将其称为战略层面的适应行为。

供应商适应行为表明，制造商通常并不能完全掌握支持自身运营活动所需的全部资源，需要从供应商获取原材料等生产要素，也日益需要运用供应商的专业技术、知识等稀缺资源，服务于运营战略的制定和实施。供应商通过做出适应行为，能够将双方资源有效整合，实现双方运营方式的匹配，建立有价值的供应链，共同为最终客户创造价值。

3.4 本章小结

本章为本书的基础研究部分，旨在探讨供应商适应行为的内容结构，确定供应商适应行为构念的维度，构建一套信度和效度良好的供应商适应行为构念测量量表。通过分析已有研究成果，并结合企业访谈，编制初始问卷；通过预测试，确定正式问卷；通过大样本调查获取数据，运用探索性因子分析法提取公共因子，得出供应商适应行为构念的维度；通过验证性因子法检验因子结构的稳定性，并对量表的信度和效度进行检验。结果表明，供应商适应行为内容的 5 个维度是稳固的，量表具有良好的信度和效度。

4　供应商适应行为的影响因素理论模型与假设

本部分在获取供应商适应行为影响因素的基础上，构建供应商适应行为的影响因素理论模型，提出研究假设。包括以下4方面内容：以交易观和关系观为理论基础，对供应商适应行为的影响因素进行理论分析，构建供应商适应行为的影响因素分析框架，明确供应商适应行为的影响因素来自哪些层面；运用管理理论，通过理论分析，从各层面获取供应商适应行为的影响因素，并结合企业访谈，验证和补充理论分析结果；分析各因素对供应商适应行为的影响，以及因素的作用机理，构建供应商适应行为的影响因素概念模型；在构建概念模型的基础上，提出待验证的研究假设。

4.1　供应商适应行为的影响因素理论分析

在企业间的关系中，关于企业做出适应行为的原因，交易观和关系观从不同视角，进行了阐述[9,43]。

交易观（Transactional perspective）认为，企业间建立关系的目的是为了实现绩效目标，该目标通常由双方签订的契约规定。为了保证实现绩效目标并使双方关系更有效，企业需要增强对外部环境的适应性[44]。当外部环境发生了关系双方意料之外的变化时，一方或双方需要做出适应行为，以弥补不完全契约的缺陷。适应行为通常并未由契约明确规定，而是企业自愿做出的，因而具有非正式性。适应行为增强了企业对外部环境变化的应变能力，降低了企业间关系的不确定性。社会交换理论强调，企业间关系的形成和演化是一个互动过程。当互动双方面临偶然情况时，一方或双方需要运用自身资源，满足对方需求。企业做出的适应行为是对外部环境变化的响应，是在双方持续互动中产生的。

关系观（Relational perspective）建立在两个基本观点之上。一是企业间的一系列交易不是相互分离的，而是嵌入过去和未来之中。每项交易包括产品（服务）交换和适应两项内容。企业间适应行为具有互惠性，一方先前做出的适应行为将激励对方以适应行为进行回馈。二是关键资源跨越了企业边界，嵌入企业间的惯例和流程中。能够适应对方并以新方式整合双方资源的企业将赢得关系租金和竞争优势。关系观将适应行为看作企业间建立和谐关系的必要条件。关系一方或双方通过调整技术、物流、管理以及财务等要素以满足对方需求，表明自身信任对方，关心对方利益，有意愿在双方关系中投入资源，与对方开展合作，并加深相互理解，提高关系质量，避免冲突。

一些学者将研究情境限定于制造商—供应商二元关系，分析供应商适应行为的原因[4]。学者认为，首先，制造商—供应商关系是一种经济关系。为了完成交换，位于供应链上游的供应商需要在产品规格、生产计划、生产能力、交货条款、技术信息以及人员等方面充分满足位于供应链下游的制造商的需求。双方面临的外部环境变化将通过制造商传导给供应商。供应商需要做出必要调整，向制造商提供能够响应外部环境变化的原材料、零部件等生产要素，并以适当方式向制造商交付这些生产要素。其次，制造商—供应商关系也是一种社会关系。这种社会关系伴随着双方经济交换而建立。适应行为中包含实物、人力等投资，这些投资具有关系专用性，表征关系承诺，表明供应商致力于营造相互信任的氛围，在双方建立持久、紧密的合作关系。Schmidt 等人[11]进一步指出，总的来看，供应商适应行为均由最终客户需求决定，具有明确的目的性。而且，不同类型的供应商适应行为受到不同因素的驱动。具体而言，供应商在产品、生产方面的适应行为具有工具性，关注当前，主要目的是为了支持制造商开展运营活动，以及从双方关系中获得价值；供应商在人力资源和组织结构方面做出适应行为则着眼于双方关系的未来，是一种战略投资，具有强烈信号效应，代表对制造商的关系承诺，表明供应商有意愿通过维持业务关系以获取长期收益。

交易观着重分析供应商适应行为的经济属性，强调供应商做出适应行为是为了满足制造商需求，保证双方经济交换顺利实现，从而实现关系目标，并积极响应外部环境变化。依照交易观，在特定制造商—供应商二元关系中，供应商向制造商做出适应行为是一个互动过程。在这个过程中，供应商主动向制造商做出适应行为，或应制造商需求而做出适应行为，以满足制造商需求，并对外部环境变化做出响应。首先，供应商适应行为的实施主体是供应商，是双方互动过程的参与方。来自供应商自身的因素必然对供应商适应行为产生影响，关系与制造商的交易活动能否顺利展开。供应商需要具备必要的素质和条件，以保证能够通过组织资源，根据制造商需求改变资源配置方式。学者已经认识到供应商层面的因素对供应商适应行为具有影响。Brennan 和 Turnbull[6]以及 Brennan 等人[4]的研究均证明，供应商适应行为受到供应商对制造商管理导向的影响。供应商对制造商秉持的管理导向代表一种管理理念，影响供应商对制造商采取的关系行为。因此，在探索供应商适应行为的影响因素时，需要考虑来自供应商层面的因素。其次，制造商也是供应商适应行为过程的参与方。在特定制造商—供应商二元关系中，供应商向制造商做出适应行为，不仅是供应商在某种管理导向的指导下做出的，也可能是在感知制造商发出的信息后而做出的。Brennan 等人[4]的研究表明，制造商对于供应商管理导向对供应商的适应行为具有正向影响。这表明，制造商层面的因素将作用于供应商适应行为。因此，在探索供应商适应行为的影响因素时，应考虑制造商层面的因素。最后，制造商—供应商二元关系嵌入外部环境中，双方行为受到环境因素的影响。换言之，供应商在特定制造商—供应商二元关系中做出适应行为，不仅是为了满足制造商需求并保证实现关系目标，也是对环境变化的积极响应。Beverland[45]提出，环境中的因素对供应商适应行为具有影响。然而，作者却未提取具体管理变量以展开进一步研究，未回答环境中的哪些因素对供应商适应行为具有影响。因此，在探索供应商适应行为的影响因素时，也应考虑环境层面的因素。由此，依交易观，在分析供应商适应行为的影响因素时，应考虑供应商、制造商、环境 3 个层面的因素，据此构建供应商适应行为的影响因素分析框架，从多视角解释供应商适应行为的原因，揭示制造商—供应商互动过程。

与交易观相比，关系观强调供应商适应行为的社会属性，认为供应商做出适应行为是为了向制造商表明，供应商是可信的，双方关系是有价值的，期望与其建立长期合作关系。这表明，在关注供应商适应行为经济属性的同时，不能忽视供应商适应行为的社会属性。在特定制造商—供应商二元关系中，供应商向制造商做出适应行为，不仅是为了实现双方关系目标，满足制造商需求，并响应环境变化，也是为了和制造商营造良好的关系氛围，提高关系质量，使双方建立良好的社会关系。而双方关系质量的提高将进一步促使供应商做出适应行为，实现双方运营活动的紧密连接，即供应商对制造商的信任和承诺激发供应商做出适应行为，与制造商建立并维持有价值的互动关系。制造商—供应商二元关系中的因素（信任、承诺等）和供应商适应行为具有相互促进、相互影响的关系。因此，供应商适应行为的影响因素也来自制造商—供应商关系层面，应将关系层面因素纳入供应商适应行为的影响因素分析框架。

综上，依据交易观和关系观的思想，供应商适应行为的影响因素来自供应商、制造商、关系和环境 4 个层面。供应商适应行为表现为多层面的因素共同作用的结果。由此，构建供应商适应行为的影响因素分析框架，如图 4-1 所示。

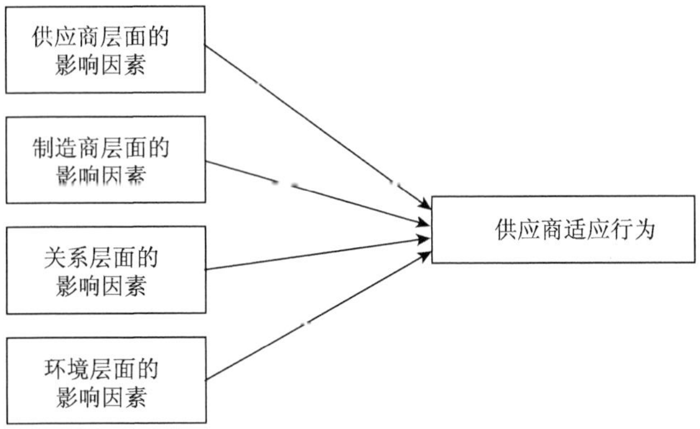

图 4-1 供应商适应行为的影响因素分析框架

4.2 供应商适应行为的影响因素的获取

在构建供应商适应行为影响因素分析框架的基础上，以“供应商适应行为如何才会发生”为思路，借鉴管理理论，通过理论分析，获取供应商适应行为的影响因素。同时，结合企业访谈，对从理论分析中获取的因素进行验证，并获得新的影响因素。

4.2.1 理论分析获取

借鉴管理理论，通过理论分析，分别从供应商、制造商、关系和环境 4 个层面提取供应商适应行为的影响因素。

1. 供应商层面的影响因素

在供应商向制造商做出适应行为的过程中，供应商是适应行为的实施者，是整个适应过程的参与者。供应商顺利向制造商做出适应行为，需要具备某些素质和条件，从而满足制造商需求。这些素质和条件包括供应商能力和供应商高层管理者的支持。

（1）供应商能力。资源依赖理论认为，企业需要各种资源以有效开展经营活动。这些资源并不完全为企业掌握，因而企业无法在市场上自给自足[46]。开展经营活动所需的资源也存在于企业外部，企业需要从外部获取可靠资源，以实现自身目标。由于资源的供应和需求，企业间产生依赖关系，由此激发合作意愿，以求从外部输入资源。资源基础观强调企业资源的重要性，以及资源对企业绩效的价值。资源基础观认为，企业是各种资源的集合，这些资源旨在帮助企业提高经营绩效，创造竞争优势。这些资源在本质上是异质的，不能应用于其他企业。企业在市场中配置资源的目的是为了获取超额回报。企业获得超额回报的能力取决于其他企业不能够“复制”这些资源，即这些资源不能够完全被模仿或替代。企业战略管理的核心是力求比竞争者获得更高绩效，赢得竞争优势。企业竞争优势来自资源。资源不仅存在于企业内部，如财务、实物、组织、技术和人力资源等而且，资源也来自企业外部。在企业外部主体中，供应商是企业资源的重要组成部分[47,48]。

基于资源依赖理论和资源基础观可以发现，有助于提升竞争优势的资源和能力也存在于企业外部。当所需资源和能力在企业内部不可得时，企业需要考虑从外部获取。为了有效开展运营活动，制造商需要从供应商获取资源，并和供应商开展合作。这是因为，制造商日益专注核心业务，培养核心能力，因而将非核心业务外包。同时，供应商是制造商重要的资源来源，制造商由此产生对供应商的依赖。制造商需要从供应商输入原材料、零部件等生产要素，支持自身开展日常运营活动。同时，制造商也日益需要供应商作为自身创新过程的一部分，期望供应商参与自身新产品开发、生产工艺改进等运营战略活动，运用供应商的专业知识、创新能力等资源，整合双方知识、技术、信息以及人员等要素，共同为最终客户提供产品和服务[49,50]。

制造商获取供应商资源的重要方式是促使供应商做出适应行为，即供应商根据制造商需求，提供原材料、零部件等生产要素，并以制造商要求的方式将这些生产要素交付于制造商。同时，供应商将专业技术、知识等资源服务于制造商新产品开发、生产工艺改进等运营战略活动，帮助制造商提高运营战略活动的效率和效果[51,52]。供应商顺利做出适应行为，不仅应该具有满足制造商需求的意愿，也应该具备一定的素质，即供应商应具备充分满足制造商需求的能力[53]。供应商具备能够满足制造商需求的能力，保证制造商和供应商双方的交易活动顺利开展，实现双方关系目标，为制造商创造价值。缺少必要的满足制造商需求的能力，即使供应商具有满足制造商需求的愿望，也难以为制造商生产并交付生产要素[54]。因此，供应商能力是供应商做出适应行为的前提条件和保障。

综合以上分析，笔者认为供应商能力是供应商适应行为的影响因素，保证供应商能够做出适应行为。

（2）供应商高层管理者的支持。在制造商—供应商二元关系中，可使用规模（Scale）和正式性（Formality）区分适应行为[6]。规模是指在哪些方面做出适应行为，即适应行为的范围，其分为大、小两类。正式性是指是否需要制定计划以及是否需要进行正式决策，分为“有计划、正式”和“无计划、非正式”两类。据此，可以将适应行为分为四类：战术适应行为、专门适应行为、战略适应行为和缄默适应行为，如图 4-2 所示。战术适应行为（Tactical adaptations）中通常涉及具有政治性的讨价还价过程，决策层级通常位于职能部门的高层或董事会。例如，采购部门主管签订修改后的契约条款。战术适应行为涉及的部门取决于决策领域。专门适应行为（Ad hoc adaptations）是一个社会化（Socialization）过程，企业间需要通过学习，以明确如何才能更好地与对方开展业务活动。专门适应行为的决策层级在大企业通常位于运营经理层级，而在小企业里，决策层级可能在高层。专门适应行为所涉及的部门通常是实施适应行为的部门。战略适应行为（Strategic adaptations）需要正式决策和投资过程。出于资料搜集和分析的目的，战略适应行为需要多部门参与，包括营销、采购、工程、质量、生产、财务、法律等部门。缄默适应行为（Tacit adaptations）需要进行应急决策（Emergent decision），是一个演化过程。缄默适应行为的决策层级和涉及部门不能确定，因为这种决策是应急的，而不是有计划的。

适应行为的正式程度 / 适应行为的规模	小	大
有计划 正式	战术适应行为 政治化	战略适应行为 投资、周密决策
无计划 非正式	专门适应行为 社会化	缄默适应行为 演化决策或应急决策

图 4-2 适应行为的类别

供应商在向制造商做出适应行为的过程中，需要进行投资。这些投资包括实物投资（如采用专用性设备）和人力投资（提供技术服务）等。这些投资具有一定的关系专用性，通常只能在特定制造商—供应商二元关系中发挥最大作用。离开了特定业务关系，这些投资将出现不同程度的贬值。因此，供应商需要进行决策，以判断是否应该向特定制造商做出适应行为，以及在哪些方面做出适应行为。如果供应商认为应该向特定制造商做出适应行为，还应分析适应行为的类型，判断需做出的适应行为属于大规模适应行为还是小规模适应行为，并判断适应行为是否具有正式性质，是否需要制定计划。

供应商在进行决策时，需要分析问题，评估不确定性和价值，并确定最佳方案。对于不同类型的适应行为，决策过程通常涉及不同的权力层级。小规模适应行为（如交换非机密信息）不需要高资源承诺，因而无须明确的决策过程，无须判断相关净利。而大规模适应行为（如采用专用性生产设备）需要大量资金投入，特别地，战略适应行为具有正式性质，需要进行正式决策。大规模适应行为通常需要制定计划，广泛收集资料，并进行分析[6]。具体而言，需运用贴现现金流分析法评估收益，考察适应行为是否能够达到预期回报，以判断是否应该做出适应行为。正式决策过程需要多部门参与，特别需要高层管理者参与，根据特定制造商的重要性、与做出适应行为相关的成本和收益等因素，判断是否应该做出涉及大量资金投入的适应行为。适应行为不仅涉及企业低权力层级，也涉及企业高权力层级。当某项适应行为相对应的权力层级涉及企业高层时，供应商高层管理者的支持对于供应商做出适应行为具有重要作用。供应商高层管理者支持与特定制造商建立业务关系，将批准投资，供应商从而做出适应行为。

综合以上分析，认为供应商高层管理者的支持是供应商适应行为的影响因素。这在适应行为涉及大量资金投入、具有正式性的情况下尤为显著。

2. 制造商层面的影响因素

在供应商做出适应行为的过程中，除了供应商之外，制造商也是参与方。来自制造商层面的因素对供应商适应行为具有影响作用。这些因素包括制造商需求不确定性和制造商长期导向。

（1）制造商需求不确定性。交易观强调，供应商向制造商做出适应行为是指通过在双方关系中做出调整，以满足制造商需求。供应商适应行为具有明确的目的，旨在满足制造商需求，支持制造商开展运营活动。供应商适应行为表现为，供应商根据制造商特定需求，改变资源配置方式，在产品、技术、交货以及人员等要素做出相应变化，与制造商建立业务关系。同时，随着双方关系的推进，根据制造商需求以及环境变化，持续做出适应行为，支持和拓展双方业务关系。供应商需秉持市场导向，以满足制造商需求作为经营活动的准则，搜集竞争者优势和劣势两方面信息，在各职能部门间加强协调，共同服务于制造商[24]。供应商通过重新配置资源，将自身提供的原材料、零部件等生产要素与制造商需求相匹配，支持制造商开展运营活动，帮助制造商解决运营过程中出现的问题，在为制造商创造价值的过程中获取收益。供应商适应行为和制造商需求紧密联系，对制造商需求的满足程度成为判断供应商是否有效适应制造商的主要标准。

当今市场表现国际化、动态性和客户驱动性的特点。随着经济全球化的推进，企业面临的市场竞争日趋激烈，需要在更为广阔的国际市场中开展经营活动，为自身赢得生存和发展空间。最终客户需求不断变化，他们需要更多的产品选择，更好的产品质量，更高的可靠性和更快的交货。同时，新技术不断开发，产品生命周期在缩短，引起现有产品快速过时[55]。最终客户需求具有不确定性，技术也表现不确定性，市场环境不可预测。最终客户需求的不确定性通过制造商传导给供应商。最终客户需求的不确定性导致制造商对供应商需求的不确定性。制造商为了满足最终客户日益多样化、个性化的需求，除了需要加强内部职能部门间协调、强化内部整合外，也迫切需要和供应商特别是关键供应商加强合作。制造商满足最终客户需求的方式之一是促使供应商做出适应行为，在双方关系中投入资源，将双方技术、专业知识以及人力资本等资源有效整合，向最终客户提供高附加值的最终产品。制造商需求的不确定性对供应商提出了新要求。供应商需要根据制造商需求的变化，重新配置资源，在产品、生产过程、技术、人员等方面做出相应变化，调整交换要素和交换过程，为制造商提供所需的原材料、零部件等生产要素，并以适合的方式将生产要素交付于制造商。通过制造商和供应商的共同努力提供最终产品，持续满足最终客户多样化、个性化需求，为最终客户创造价值。制造商需求的不确定性成为供应商做出适应行为的推动力。围绕制造商需求展开经营活动成为供应商谋求生存和发展的理性选择。

综合以上分析，笔者认为制造商需求不确定性是供应商适应行为的影响因素。

（2）制造商长期导向。关系观从社会视角解释了供应商向制造商做出适应行为的原因。关系观认为，供应商适应行为具有信号效应，意在向制造商表明：前者信任后者，双方关系值得建立和维持，通过在双方关系中做出适应性变化以满足制造商需求，期望双方建立良好的社会关系[9]。供应商因而有意愿在双方关系中投入知识、信息、技术以及人员等资源，改变产品规格，调整生产工艺、生产能力，并参与制造商新产品开发等运营战略活动，支持制造商开展运营活动，帮助制造商提高产品质量，缩短交货期，为最终客户提供个性化产品，提高新产品创新性，缩短新产品开发周期。供应商向制造商做出适应行为，不仅是为了和制造商完成交易，双方建立业务关系，也是为了和制造商建立良好的社会关系，积累社会资本，使双方进行持续互动。通过维持业务关系，为双方赢得高于短期交易的收益。

供应商选择与特定制造商维持业务关系，取决于对该制造商的期望和行为的感知。当供应商感知到该制造商仅仅希望在双方建立短期买卖关系，则该制造商缺少维持双方关系的意愿。此时，供应商认为该制造商并非长期业务伙伴，因而不会在更广范围、更深程度上对其做出适应行为，实现双方运营活动的协调一致，因而做出适应行为的范围较窄，程度较低。反之，当供应商认识到，该制造商有意愿维持双方关系，主动在双方关系中投入资源，期望在双方持续互动中获得更高收益，能够为了维持双方关系而付出短期牺牲。该制造商志在维持双方业务关系的意愿反映了其对于双方关系的长期导向（Long-term orientation），是保持双方关系紧密性的表现，也是对实现双方关系持续性的表达，表明该制造商旨在与供应商建立长期业务关系，将双方已经建立起来的业务关系延续下去。

制造商对供应商坚持长期导向给供应商以信心，激励其通过与制造商共同努力，在双方关系中投入资源，创造关系价值，为双方带来收益。制造商和供应商致力于维持长期业务关系对双方行为提出了新要求，双方需要保持运营活动的匹配。供应商需要有效支持制造商开展运营活动，制造商需要持续开展供应商开发活动，帮助供应商提高产品绩效、交货绩效等，进而为制造商创造价值。为了与制造商建立长期业务关系，供应商有必要与制造商加强联系，保持双方政策方针和行为的一致，双方建立共同的工作方式。双方建立业务关系的目的是为了通过共同努力，生产最终产品，满足最终客户需求。为此，供应商需要根据制造商需求，整合自身资源，在产品、生产工艺、生产能力、技术、人员等方面做出必要变化，将双方资金、生产能力、技术、人员等资源整合起来，为最终客户提供高附加值的产品。供应商是否向特定制造商做出适应行为取决于后者对双方关系所采取的导向。制造商所秉持的长期导向坚定了供应商与其维持业务关系的信念，后者通过适应行为保证双方业务关系得以延续。

综合以上分析，笔者认为制造商的长期导向是供应商适应行为的影响因素。

3. 关系层面的影响因素

制造商—供应商二元关系是供应商适应行为发生的情境。来自双方关系方面的因素对供应商适应行为具有影响作用。这些因素包括双方人员间关系、沟通、互惠、供应商信任、供应商承诺和供应商依赖。

（1）双方人员间关系。关系观认为，供应商向制造商做出适应行为意在表明，前者信任后者，双方关系值得维持，通过做出适应行为，延续双方业已建立的业务关系，提高关系质量[4]。制造商—供应商业务关系属于企业层面关系，由双方人员特别是边界人员建立并维持。供应商适应行为由供应商生产、技术以及销售等部门根据制造商采购部门的要求而做出，旨在满足制造商特定需求，支持制造商开展运营活动。供应商销售部门人员和制造商采购部门人员是双方企业的边界人员，代表各自企业与对方建立业务关系。

中国传统文化深受儒家思想的影响。儒家思想强调在处理人际关系时，要遵循互惠原则，在人与人之间建立并维持良好的私人关系，保持人际关系的和谐[56]。当人际间培养出良好的私人关系时，双方将坚持互惠互利原则，相互帮助，相互给予人情，为对方保全“面子”，力求避免冲突，致力于实现共同目标，抑制机会主义行为，不以损害对方利益为代价而使自身受益。在出现分歧时，双方能够通过友好沟通取得一致，维持良好的关系氛围。良好的人际关系是一种黏合剂，使得双方关系更为紧密，促使双方将关注点放在未来，建立对双方有益的长期关系[57,58]。

人际关系是一种社会关系。当关系双方来自不同企业时，这种人际关系将对企业间关系产生影响。制造商和供应商双方人员间形成的良好人际关系是一种社会资本，能够增进人员间相互信任和承诺，推动双方致力于维持关系，创造关系租金。双方良好的私人关系有助于双方企业坚持互惠互利原则，不侵害对方利益，在双方关系中投入资源，共同致力于维护双方关系。而且，制造商和供应商双方人员间良好的私人关系推动了相互学习，促进技术知识转移，支持对方开展运营活动。在出现冲突时，双方通过相互协商解决问题，避免破坏双方良好关系[59,60]。供应商支持制造商开展运营活动的方式之一是做出适应行为，为制造商提供原材料、零部件等生产要素，将知识、技术以及人员等资源服务于制造商。双方人员间良好的私人关系激发供应商为制造商开展运营活动做贡献的强烈意愿，从而在行为上表现为通过做出适应行为，支持制造商开展运营活动。供应商适应行为应制造商需求而做出，供应商之所以愿意在行为上做出改变，是为了给予制造商“面子”，是一种关系投资，意在增强双方业务关系，增进双方感情。同时，供应商适应行为也是一种行为承诺，表明供应商有意愿维持双方业务关系，使得双方关系更有价值。而拒绝向制造商做出适应行为将使制造商失去“面子”，制造商将无法感知供应商做出的关系承诺，双方业务关系将难以维持。

综合以上分析，笔者认为制造商和供应商双方人员间的关系是供应商适应行为的影响因素。

（2）其他影响因素。供应商适应行为发生在特定制造商—供应商二元关系中，双方关系是供应商适应行为产生的情境。因此，存在于双方关系中的因素对供应商适应行为具有影响作用。根据特定制造商—供应商二元关系情境的不同，供应商适应行为的范围和程度表现出差异。学者在探索供应商适应行为的影响因素时，将关注重点放在双方关系上。学者从双方关系中提取管理变量，试图解释供应商适应行为产生的原因。

学者基于社会交换理论，认为供应商对制造商的依赖对供应商适应行为具有影响，供应商做出适应行为是出于经济利益上的诉求[13]。随着供应商对特定制造商依赖程度的增强，前者更可能通过做出适应行为，以求从双方业务关系中获取经济利益，实现自身经营目标。学者基于社会资本理论，认为社会资本主要包括信任和承诺，供应商对制造商的信任和承诺促使供应商做出适应行为，在双方关系中积累社会资本[61]。学者运用访谈法发现，制造商和供应商的沟通是供应商做出适应行为过程的首要环节，对供应商适应行为具有影响作用。通过沟通，供应商将决定是否向特定制造商做出适应行为[30]。学者运用案例法发现，供应商适应行为受到文化因素（主要是指互惠性价值观）的影响。具体而言，供应商做出适应行为遵循了互惠性价值观，是对制造商先前给予帮助的友好回馈[14]。

已有研究表明，沟通、互惠、供应商信任、供应商承诺和供应商依赖是促使供应商做出适应行为的因素。在借鉴已有研究成果的基础上，加入双方人员间关系因素，分析这 6 个因素的作用机理，探索这 6 个因素在促使供应商做出适应行为的过程中所起到的作用，进一步揭示供应商做出适应行为的原因。

4. 环境层面的影响因素

外部环境是制造商和供应商经营活动共同面临的情境。双方行为嵌入外部环境中，存在于外部环境中的因素对双方行为具有影响。作为一种关系行为，供应商适应行为受到来自环境层面因素的影响。分析认为，技术不确定性是环境层面中对供应商适应行为具有影响的因素。

交易观认为，供应商向制造商做出适应行为，是通过在双方关系中做出适应性改变，从而对环境中的变化做出响应。技术环境是制造商和供应商面临的外部环境之一，供应商适应行为发生在特定技术条件下，即供应商需要根据技术环境的变化而做出适应行为，并和制造商共同应对技术变化带来的挑战。

技术在不断进步，以企业不可预测的方式向前推进，造成产品生命周期缩短，使企业现有产品销量减少。在技术不断变化的情况下，企业保持竞争优势变得越来越困难，需要持续进行新产品开发。制造商采用某种技术生产产品或提供劳务，满足最终客户需求。在技术不断变化、表现不确定性的情况下，制造商需要根据技术的变化情况，捕捉市场机会，根据市场需求提供产品，满足客户日益多样化、个性化的需求，与竞争者争夺市场份额。技术的变化并非制造商自身能够完全应对的，也就增加了制造商对供应商的需求。制造商需要和供应商合作，需要供应商运用专业知识、技术等资源，为制造商提供零部件、原材料等生产要素，参与制造商新产品开发活动，共同确定新产品设计方案，开发零部件，以求缩短新产品开发周期，提高新产品创新性，为提高新产品开发活动的效率和效果做贡献[62,63]。

制造商获取供应商专业知识和技术的方式之一是促使供应商做出适应行为。供应商适应行为中包含关系专用性投资，旨在支持制造商开展运营活动，将双方运营活动有效整合。供应商适应行为嵌入特定技术条件下，技术的不断变化增强了制造商对供应商的依赖，需要供应商通过做出适应行为，向制造商提供能够适应技术环境变化的原材料、零部件等生产要素，以及专业知识和技术等资源。通过制造商和供应商双方共同努力，整合双方资源，满足最终客户需求。

综合以上分析，笔者认为技术不确定性是供应商适应行为的影响因素。

4.2.2 企业访谈获取

本部分以“供应商适应行为如何才会发生”为分析思路，借鉴管理理论，进行理论分析，对供应商适应行为的影响因素进行理论探索，共获取6个新影响因素，分别为：供应商能力、供应商高层管理者的支持、制造商需求不确定性、制造商长期导向、双方人员关系以及技术不确定性。有必要选取典型企业进行访谈，对从理论分析中获取的因素进行验证，并补充影响因素。供应商适应行为的影响因素企业访谈与供应商适应行为内容结构及测量研究企业访谈同时进行，被访企业、访谈对象以及访谈过程同供应商适应行为内容结构及测量研究，访谈提纲见附录2。

访谈对象普遍认为，供应商适应行为的影响因素来自多个层面。在分析供应商适应行为的影响因素时，不能仅考虑单个层面的因素，而忽略其他层面的因素。交易观和关系观能够较为充分地解释我国情境下供应商适应行为的原因，为提取具体的因素提供了理论依据。将供应商适应行为的影响因素划分为供应商、制造商、关系以及环境 4 个层面是合理的，其能够比较全面概括供应商适应行为的影响因素涵盖的层面。已有研究提及的因素有助于解释供应商向制造商做出适应行为的原因，但需要在已有研究成果的基础上进行进一步探索。对于基于理论分析提取的因素，访谈对象认为，供应商能力和供应商高层管理者的支持使供应商有能力和条件向制造商做出适应行为，帮助制造商提高运营绩效。制造商需求的不确定性从行为目的角度解释了供应商适应行为的原因。制造商对供应商坚持长期导向，表明该制造商关注双方关系的长期性，从而激励供应商向制造商做出适应行为。中国社会注重人情，制造商和供应商双方人员间的关系在企业关系中很重要。双方人员间良好的私人关系是一种社会资本，有助于供应商将特定制造商作为优先客户，该制造商将获得供应商的资源优先分配权。技术不确定性因素表明，供应商需要根据技术条件的变化，持续做出适应行为，和制造商共同应对技术变化带来的挑战。已有研究成果以及从理论分析中获取的新因素能够较为充分地解释在我国制造商—供应商二元关系中，供应商向制造商做出适应行为的原因。

斯派莎克工程（中国）有限公司的销售经理认为，除了已有研究提及的因素以及从理论分析获取的 6 个新因素外，供应商面临的市场竞争也是供应商向制造商做出适应行为的外部驱动力。制造商的生产要素市场通常面临激烈的市场竞争。对于制造商所需的同一种原材料或零部件，通常有多家供应商可以提供。供应商为了生存和发展，在市场竞争中处于有利位置，希望通过在更广范围、更深程度向制造商做出适应行为，更有力支持制造商开展运营活动，培养制造商关系忠诚，进而为供应商带来更高收益，赢得相对于同业竞争者的竞争优势。

通过访谈发现，以交易观和关系观为理论基础，将供应商适应行为的影响因素概括为供应商、制造商、关系以及环境 4 个层面，较为符合企业实际。同时，通过理论分析新获取的 6 个影响因素较为合理。而且，通过企业访谈获取 1 个新因素，即供应商在市场上面临的市场竞争，拟用竞争强度构念反映其内容。基于通过理论分析和企业访谈获取的影响因素，分析这些因素对供应商适应行为的影响作用，构建供应商适应行为的影响因素理论模型，提出研究假设。

4.3 理论模型构建

供应商适应行为的实施主体是供应商。因此，来自供应商层面的因素对供应商适应行为具有影响作用。供应商层面的因素包括供应商能力和供应商高层管理者的支持。供应商能力代表供应商所具备的素质，使得其能够满足制造商需求。供应商高层管理者的支持促成了资源承诺，有助于供应商向制造商投入战略资源。

制造商也是供应商做出适应行为过程的参与方，是供应商适应行为的受益方。来自制造商层面的因素对供应商适应行为具有影响作用，包括制造商需求的不确定性和制造商长期导向。供应商适应行为具有明确的目的，旨在满足制造商特定需求。制造商需求的变化将促使供应商做出适应性改变，以应对这种变化。制造商对供应商所秉持的长期导向激励供应商与制造商建立长期业务关系，供应商做出适应行为成为维持双方业务关系的必然要求。

制造商—供应商二元关系是供应商适应行为产生的情境。来自双方关系中的因素对供应商适应行为具有影响作用，包括供应商信任、供应商承诺、供应商依赖、互惠、沟通以及双方人员间关系。供应商信任制造商表明，前者认为后者是善意的，行为是可以预测的，不会做出机会主义行为，因而有意愿与后者建立业务关系。供应商做出适应行为成为双方业务关系建立的必然要求。供应商对制造商的依赖主要表现在经济层面上，供应商需要通过与制造商建立和维持业务关系以实现自身经营目标。做出适应行为成为供应商与制造商建立和维持业务关系的前提条件。供应商向制造商做出承诺表明，前者有意愿与后者维持业务关系，期望在双方长期互动中获得更高价值。做出适应行为是对维持业务关系意愿的表达。

沟通、互惠以及双方人员间关系 3 个变量通过供应商信任，对供应商适应行为具有正向影响。供应商和制造商双方良好、正式的沟通，有助于前者对后者的可信性做出判断，进而决定是否应该向该制造商做出适应行为。制造商和供应商双方在业务往来中坚持互惠原则，表明双方旨在为对方赢得利益，抑制机会主义行为，有助于供应商建立对制造商的信任，进而激发供应商做出适应行为。制造商和供应商双方人员间良好的私人关系影响到双方企业层面间关系。私人关系中暗含的为对方保全面子、相互承担义务等内容有助于供应商建立对制造商的信任，因而将做出适应行为。沟通、互惠、双方人员间关系、供应商信任和供应商依赖 5 个变量通过供应商承诺，对供应商适应行为具有正向影响。沟通是一种关系治理机制，有助于制造商和供应商消除分歧，建立共同目标，增强供应商维持双方关系的意愿，并向制造商做出承诺，进而通过做出适应行为维持双方业务关系。制造商和供应商双方在业务往来中坚持互惠原则，能够为供应商带来预期收益，激发其向制造商做出承诺，进而做出适应行为。制造商和供应商双方人员间良好的私人关系对双方企业间关系具有积极影响，有助于供应商向制造商做出承诺，进而激发供应商做出适应行为。供应商信任制造商增强了前者与后者维持业务关系的意愿，做出适应行为是维持双方业务关系的行为表现。供应商依赖制造商使前者希望通过与后者维持业务关系以持续获取收益，做出适应行为成为双方业务关系得以延续的条件。

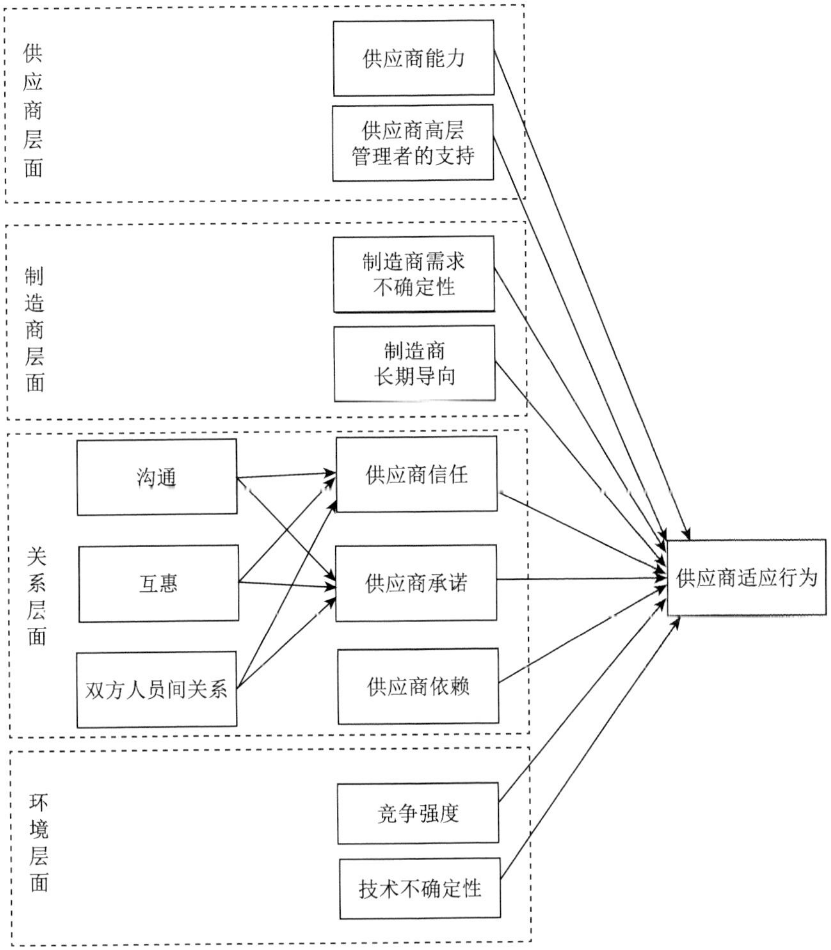

图 4-3　供应商适应行为的影响因素概念模型

制造商和供应商的行为嵌入外部环境中。外部环境因素对供应商适应行为具有影响作用，包括竞争强度和技术不确定性。同业竞争日益激烈，促使供应商采取有效的竞争策略。做出适应行为即是一种有效竞争策略。通过有效满足制造商需求，比同业竞争者更有力地支持制造商开展运营活动，供应商能够培养客户忠诚，提高市场占有率，提升市场竞争力。技术不确定性给制造商带来了挑战。由此，制造商对供应商的依赖增加。为了应对技术变化所带来的压力，制造商需要供应商做出适应行为，在双方关系中投入资源，参与制造商新产品开发活动，帮助制造商提高新产品的创新性，缩短新产品开发周期，取得高于竞争者的新产品绩效。

综上，供应商适应行为的影响因素来自供应商、制造商、关系和环境 4 个层面。这 4 个层面的因素从多视角解释了供应商做出适应行为的原因。供应商适应行为是多层面、多因素共同作用的结果。因此，在构建供应商适应行为的影响因素概念模型时，应综合考虑供应商、制造商、关系和环境 4 个层面的因素，并分析因素间影响关系。根据以上理论分析，构建供应商适应行为的影响因素概念模型，如图 4-3 所示。进而，依据概念模型提出研究假设。

4.4 假设的提出

4.4.1 供应商层面因素与供应商适应行为

1. 供应商能力与供应商适应行为

供应商能力是指供应商拥有的、被客户认为是有价值的、不易被竞争对手模仿的技能、知识和资源[64]。供应商能力是其绩效的关键驱动因素，是为客户创造价值的前提条件，也是在交易中处于关键地位的基础[65]。复杂多变环境充满不确定性，企业在追逐成长和更高市场绩效时，必须在市场中作出动态调整。供应商能力能够提升其适应能力，即内部资源和外部需求相匹配的能力，增强适应市场变化的柔性，形成企业核心竞争优势[66]。

理解客户及其需求是企业开展经营活动应遵循的基本原则。维持关键的供应关系需要组织学习，关注客户需求。企业需要拥有一套基于客户需求的能力，从而能够更好地、持续地为客户创造价值[67]。为了有效满足客户需求，企业应具备的能力包括生产能力、交货能力、工艺改进能力、渐进式创新能力、关系能力、网络能力、激进式创新能力以及了解客户业务的能力[68]。价值创造是一个连续统一体，基于买卖双方的复杂性和预期价值实现的时间范围，企业为客户创造的价值分为三类：核心价值、增值的关系价值和以未来为导向的价值。核心价值创造（Core-value production）通常是指生产产品，需要企业具备生产能力，调整生产工艺的能力，并保持生产柔性；在产品生产完成后，具备良好的交货能力。增值的关系价值创造（Value-adding relational value production）需要企业具备渐进的创新能力、关系能力和网络能力，为客户提供问题解决方案。以未来为导向的价值创造（Future-oriented value production）需要企业具备激进式创新能力和掌握客户业务的能力。

价值创造并非孤立产生，而是存在于互动、关系和网络中。最终客户需求变得日益多样化和个性化，需要制造商予以满足。制造商自身的资源和能力有限，为最终客户创造价值需要制造商和供应商共同努力。同时，为制造商创造价值也需要供应商积极参与，需要供应商投入资源。供应商在生产、技术、交货以及人员等方面的能力为制造商提供了技术、专业知识和信息等资源，这些资源将运用于制造商运营活动，提高制造商运营活动的效率和效果。供应商具备的能力与制造商自身资源的有效整合，保证制造商能够为最终客户提供所需要的产品，有助于制造商开拓市场，把握市场机会[69]。

供应商具备的能力提供了一种条件，使其能够和制造商开展合作，开展单个企业所无法进行的业务，获得高于单个企业能够获得的收益。同时，供应商具备的能力为其适应制造商奠定了基础，提供了保障。选择资金能力强的供应商作为合作企业能够减少制造商的资金投入，降低交易成本。供应商具备的生产、交货、技术以及创新等方面的能力，使其能够根据制造商需求，合理调整生产工艺，使用适合的生产技术，调整产品规格，甚至为制造商开发专用性产品。在产品生产完成后，能够按照制造商要求，准时供货，并为制造商提供稳定、可靠的服务，帮助制造商有效加工或装配所提供的原材料、零部件等生产要素。供应商在质量管理与生产作业等方面的能力为其完成新产品开发任务提供保障，供应商提供的关键技术能力和零部件将对最终产品的功能实现具有积极影响。供应商良好的员工素质、规范的管理标准有助于其更有效地参与新产品开发[70]。

知识基础观认为，创新是知识交换和结合的过程，需要开展共同学习，包括企业与伙伴在拥有各自专业知识的同时，利用知识互补性，进行知识资源交换[71]。通过共同学习进行知识交换，企业能够改善和拓展现有产品创新知识、技能和工艺，最大限度地利用知识，激发更多新创意。供应商具备的产品创新能力使其帮助制造商将资源转化为创新产品，提升产品质量和对客户的吸引力。供应商具备的工艺创新能力能够帮助制造商改进内部工艺，提高生产效率，降低生产成本，进而提升新产品开发绩效[72,73]。供应商具备的产品创新能力和工艺创新能力使供应商容易适应角色变化，参与制造商新产品开发、生产工艺改进等运营战略活动中，承担更多的新产品开发任务。在了解制造商产品和生产工艺的基础上，供应商通过提供专业知识、技术等稀缺资源，分享关键技术信息，共同设计新产品方案，开发零部件，并对生产工艺改进提出合理建议[74]。供应商的创新能力能够提升新产品开发绩效，包括提高新产品开发成功率，增加创新产出，提升产品独特性与质量[75,76]。

供应商能力在为制造商创造价值、提高制造商运营绩效和创新绩效的同时，也为自身赢得了收益，有助于供应商在与其他制造商的业务关系中变得更有竞争力，在市场竞争中处于更有利的市场位置。

根据以上分析，提出假设：

H_1：供应商能力对供应商适应行为具有正向影响。

2. 供应商高层管理者的支持与供应商适应行为

高层管理者（Top management）是指在企业中处于高层的董事长、首席执行官、总裁、首席运营官、执行副总裁、高级副总裁和副总裁等管理人员。供应商高层管理者的支持是指，供应商高层管理者认为供应链管理活动是重要的，并参与客户关系管理，提供所需资源。

高层管理者是企业的关键管理人员，是企业的领导力量。高层管理者建立企业愿景和战略目标，决定企业文化、制度体系与行为，确定企业价值观，指导企业经营活动[77]。高层管理者是企业的决策者，位于企业核心权力，其支持和参与被认为是企业成功实施组织变革、开发新产品和开拓市场的关键推动力量和关键成功因素[78]。高层管理者的支持被广泛认为是研究各种企业行为的重要因素，如技术采用[79]，管理实践[80]，企业环境行为[81]。

企业间的合作需要有效领导。高层管理者的积极参与有助于实现企业内部和外部合作，取得关系收益，建立长期关系，减少冲突[82]。成功开展供应链管理活动需要企业高层管理者的支持、参与和承诺[83]。

高层管理者的支持有助于明确和强化企业的市场导向，将客户管理活动作为合法化的活动，并上升为战略任务，并以此调动企业资源，克服内部阻力，提高客户管理效果。企业高层管理者对客户管理活动做出的承诺是一种关键能力，表明企业将致力于满足客户需求，旨在比竞争者更好地服务于客户，与客户建立良好关系[84]。

制造商和供应商建立业务关系的目的是，通过将双方资金、技术、知识以及人员等资源的有效整合，生产最终产品，满足最终客户日益多样化和个性化的需求。通过满足最终客户需求，制造商和供应商为自身赢得收益。制造商和供应商开展合作需要推动力，供应商高层管理者的支持是供应商与制造商开展战略合作的关键决定力量，也是双方维持合作关系的重要保障[85]。供应商高层管理者积极参与供应链管理活动，有助于供应商企业认识到合作的重要性，与制造商建立共同愿景，确定共同目标，保持双方战略目标和政策的一致性，协调双方运营活动，推动与制造商合作，促进知识转移，减少冲突[86]。为了有效开展战略合作，供应商与制造商双方需要在关系中投入资源，并将双方资源有效整合，服务于合作项目。供应商高层管理者的支持促使供应商向制造商进行战略投资，甚至为制造商提供专用产品，与特定制造商建立紧密、长期的合作关系。同时，供应商高层管理者的有力支持将推动供应商向制造商提供专业知识和技术等稀缺资源，参与制造商新产品的开发等运营战略活动，提高新产品创新性，缩短开发周期，提高新产品开发活动的效率和效果。因此，供应商高层管理者的支持推动供应商和制造商建立合作伙伴关系，供应商做出适应行为成为双方开展合作的要求，是双方合作有效开展的重要条件。

根据以上分析，提出假设：

H_2：供应商高层管理者的支持对供应商适应行为具有正向影响。

4.4.2 制造商层面因素与供应商适应行为

1. 制造商需求不确定性与供应商适应行为

在制造商—供应商二元关系中，制造商需求不确定性是指制造商对供应商偏好和期望的不可预测性[87]。

在传统的卖方市场，商品需求大于供应，卖方占据主导地位。然而，在当今竞争日益激烈的环境中，市场更加国际化，更具动态性，卖方市场已逐渐被客户引导的市场取代，制造商的生产活动更多地表现为客户驱动。客户对于产品和服务的需求日益具有多样性和不确定性，表现在需求量、产品组合、时间和地点等多个方面。客户需要更多的选择、更好的服务、更高的产品质量和更短的交货期[88]。

在相对稳定的市场环境下，制造商更多依赖标准化或使用期限长的产品。随着市场竞争的日益加剧，制造商需要在不确定的环境中，对客户不断变化的需求做出响应。制造商需要秉持市场导向，及时了解客户需求，根据客户多样化和个性化的需求开展经营活动，向客户交付专用性产品，为客户创造价值。为此，制造商需要迅速调整自身产品方案和生产计划，向客户交付所需产品，并以合适的方式交付产品，稳定和提升市场占有率，在市场竞争中为自身赢得生存和发展空间[89]。

最终客户的需求通过制造商传导给供应商，供应商需要做出适应性变化，通过满足制造商的各种需求，进而对最终客户的需求进行响应。最终客户需求的不确定性导致了制造商对供应商需求的不确定性。制造商对供应商的需求也表现不确定性，需要供应商投入关系专用性投资，改变资源配置方式，向制造商交付所需产品。供应商适应行为具有明确的目的，旨在满足制造商的各种需求，支持制造商开展运营活动，为制造商创造价值，通过双方共同努力，为最终客户创造价值。因此，当制造商需求发生变化时，供应商需要做出适应性变化，合理配置资源，在产品、生产计划、技术以及人员等方面进行合理调整，协调双方活动，为制造商提供合乎要求的原材料、零部件等生产要素，并以制造商要求的方式向其交付生产要素。制造商需求的不确定性成为供应商适应行为的推动力，为供应商适应行为提出了要求。制造商需求的不确定性是供应商适应行为的出发点和落脚点。

根据以上分析，提出假设：

H_3：制造商需求的不确定性对供应商适应行为具有正向影响。

2. 制造商长期导向与供应商适应行为

长期导向反映了企业在交换伙伴间遵守长期关系规范的程度，是指企业和特定交换伙伴保持长期关系的愿望[90]。在制造商—供应商二元关系中，制造商长期导向是指制造商有意愿做出短期牺牲，通过和供应商维持业务关系以获得长期收益[91]。

根据制造商是否有意愿与特定供应商保持长期关系，可将制造商对供应商所持有的导向分为短期导向和长期导向。坚持短期导向的制造商仅关注当前结果，不期望和供应商建立长期业务关系，试图在与供应商的某个交易中实现当前收益最大化；与之相对应的还有，制造商仅关注自身利益，不关心供应商利益，试图通过损害供应商利益而使自身受益。制造商对特定供应商坚持长期导向，是对双方相互依赖的感知，是对与特定供应商未来关系的期望，表明前者旨在与后者建立长期、紧密关系[92]。制造商对供应商秉持长期导向表明，前者对后者的绩效满意，关心当前和未来的结果，致力于关系交换，期望双方均在业务活动中受益，力求在与供应商的一系列交易中实现长期收益最大化[93]。对供应商秉持长期导向的制造商倾向于开展供应商开发活动，使用契约治理和关系治理两种治理机制以确保长期合作，降低供应商机会主义行为，取得期望的采购绩效[94,95]。

制造商对特定供应商坚持长期导向，代表制造商对与特定供应商关系所持的理念，代表制造商对双方关系的认识，表明制造商认识到与特定供应商保持长期关系是重要的，双方关系从长期来看是有益的，通过延续双方关系，能够为双方带来长期收益。因此，制造商期望和供应商致力于实现长期目标，双方进行长期互动，将双方业务关系持续下去。业务关系的延续需要双方在关系中投入资源，通过联合行动实现共同目标，支持对方开展经营活动，为对方提供帮助。制造商需要进行供应商开发活动，向供应商投入资金、技术、人员等资源，帮助供应商降低生产成本，提高产品质量，提高运营绩效，增强供应商在市场上的竞争力。供应商也需要为制造商提供支持，主要表现在其帮助制造商开展运营活动，提供所需资源。为此，供应商需要为制造商提供所需的原材料、零部件等生产要素，将自身提供的生产要素和制造商需求相匹配，并参与制造商新产品开发、生产工艺改进等运营战略活动，为制造商提供技术、知识、信息等资源，将双方资源有效整合，帮助制造商提高运营绩效和创新绩效，在市场竞争中处于更有利的地位。制造商对特定供应商秉持长期导向，表明前者致力于和后者建立长期业务关系，对供应商行为提出了要求。供应商适应行为成为双方维持业务关系的必然要求，旨在拓展双方业务活动。

根据以上分析，提出假设：

H_4：制造商长期导向对供应商适应行为具有正向影响。

4.4.3 关系层面因素与供应商适应行为

1. 供应商信任与供应商适应行为

企业间信任是指，企业感知的另一企业的可靠性和善意[96]。可靠性和善意是信任的主要维度。可靠性是指，企业认为对方诚实、可信赖，会履行诺言，行为是可以预测的，并将保持一致，有能力完成合作任务。善意是指，企业认为对方将致力于保护自身利益，即使面临机会，也不会做出机会主义行为，侵害对方利益[97]。企业间信任是交换伙伴建立业务关系、实现关系绩效目标的关键因素[98]，也是促成长期关系的主要因素[99,100]。

企业间信任代表一种信念：企业认为对方行为可预测，坚持公平交换，有意愿和能力完成双方的共同目标，双方交换中的短期不公平将由长期收益来补偿[101,102]。因此，信任在企业关系中具有重要作用，是一种有效的关系治理机制，能够弥补契约的不完备性，降低交易成本和监督成本，抑制机会主义行为，降低施信方感知到的脆弱性和关系不确定性，促使施信方建立对双方关系的长期导向，与受信方建立并维持关系，为双方带来收益。通过培养企业间信任，能够促使企业间开展合作，双方关系中投入资源，致力于实现共同目标，双方建立紧密、长期的关系。

制造商和供应商间的信任有助于双方开展合作，提高合作绩效。供应商信任某个制造商表明，前者对后者的可靠性和善意有信心，认为后者将从事对双方有益的活动，不会通过损害前者利益而使自身受益，因而有意愿依赖该制造商，与之建立业务关系[103]。对制造商的信任建立了供应商对双方关系的信心，因而供应商有意愿接受双方关系中的不确定性，将关注点放在未来，在双方关系中进行投资，从事能够创造关系价值的活动。制造商—供应商二元关系首先是一种经济关系，位于供应链上游的供应商需要支持位于供应链下游的制造商开展运营活动，通过双方的共同努力，共同为最终客户提供所需产品，满足最终客户的需求。换言之，供应商开展的活动需要以有效满足制造商需求为前提，供应商需要将自身所提供的生产要素同制造商需求相匹配。为此，供应商需要在产品、生产过程、生产计划、人员以及技术等方面进行合理调整，通过在交换要素和交换过程方面做出适应性变化，将双方的运营活动有效联系起来，促进双方资源整合，实现单个企业无法完成的目标。供应商对制造商的信任消除了双方关系中的不确定性，激励前者与后者进行业务往来。供应商适应行为是双方业务往来有效开展的内在要求，旨在通过行为上做出的适应性变化，与制造商建立业务关系，并随着双方关系的延续，根据制造商需求以及环境变化等因素，持续做出适应行为，维持双方业务关系，增强双方关系对外部环境的适应性，保证双方关系目标的顺利实现。

根据以上分析，提出假设：

H_5：供应商信任对供应商适应行为具有正向影响。

2. 供应商依赖与供应商适应行为

企业间依赖研究的理论基础是权力，即依赖观[104]和资源依赖观[105]。这些理论的基本观点是一个企业与其他企业间是相互关联的，需要从其他企业获取维持生存所需的资源，对这些资源的需求产生企业间依赖和权力动态性。

企业间依赖是指，企业需要通过与另一企业保持业务关系以实现自身目标[106]。通常，企业在不同程度上依赖交易伙伴，这种依赖主要源自两个方面因素：与伙伴交换所获得的价值；交换伙伴的不可替代性。企业从交换伙伴得到的价值越高，表明交换伙伴拥有和控制的关键资源对企业的贡献越大，企业期望与其保持业务关系，以求从双方业务关系中持续获得价值，因而对其依赖性越强。交换伙伴的不可替代性越强，表明企业在市场上难以找到该交换伙伴的替代者，因而需要维持与该交换伙伴的业务关系，因而企业对其依赖性就越强[107,108]。

通常，供应链成员企业在规模和位置方面存在差异，产生权力不对称，进而导致企业间相互依赖的不对称[109]。从资产专用性角度看，关系专用性投资（如专用性知识）仅能够在特定买卖关系中实现最高价值，这将增加企业转换成本，最终导致关系专用性投资方的依赖[110]。制造商对供应商具有依赖性，即制造商需要从供应商获取原材料、零部件等生产要素，以有效开展运营活动，满足最终客户需求。同时，供应商对制造商也具有依赖性，这种依赖主要表现在经济层面上，即供应商需要通过与制造商保持业务关系以获得经济利益，才能将用于生产产品的资金回笼，用于扩大再生产，实现自身经营目标，赢得生存和发展空间。当供应商从与某制造商的业务活动中获得的收益越高，供应商在市场上难以找到该制造商的替代者，供应商就对该制造商的依赖性越强。

随着供应商对某制造商依赖性的增强，而制造商对该供应商的依赖相对不变时，就造成主导双方的交换。此时，供应商感知的关系风险增加，更易受到后者机会主义行为的危害[111,112]。特别地，当供应商处于锁定情形（Lock-in situation）时，由于没有可替代的交换伙伴，其对制造商具有最强程度的相对依赖，只能维持现有关系[113]。在非对称相互依赖关系中，对于更为依赖的一方来说，双方关系难以管理，其关系目标难以实现[114]。此时，制造商因对供应商依赖程度相对较低而缺少合作动机。制造商可能利用其在双方关系中的权力优势地位，做出危害供应商利益的行为（如恶意压低采购价格），并采取威胁退出策略，迫使供应商按照其意图行事。供应商有动机采取有效措施，管理双方关系，缓解对制造商的不对称依赖，降低关系脆弱性，抑制制造商可能出现的机会主义行为，维护自身利益[115]。除了开拓新市场、寻找替代者外，向制造商做出适应行为以满足制造商需求是供应商可选择的维持生存的策略[116]。理由如下：首先，通过有效满足制造商需求，制造商获得了关系价值，能够有效开展运营活动，双方业务关系得以延续，供应商能够留住有价值的客户，避免关系价值的损失。其次，做出适应行为具有信号效应，表明供应商以合作态度管理双方关系，期望延续双方业务关系，在双方长期互动中为双方赢得收益。通过向制造商提供更高价值，制造商感知到双方关系是有价值的，是重要的，因而值得维持双方关系。维持双方关系的意愿促使制造商主动抑制机会主义行为，摒弃危害供应商利益的行为，促进开发合作规范，支持双方在维护对方利益的基础上展开合作，共同投入，共享收益。如果制造商继续危害供应商利益，供应商可能终止双方业务关系，以避免遭受更大损失[117]。供应商基于感知的依赖性而做出适应行为，在本质上是具有反应性和顺从性的，是对制造商明确需求的响应，也是一种关系管理策略，抑制制造商机会主义行为，维护自身利益。

根据以上分析，提出假设：

H_6：供应商依赖对供应商适应行为具有正向影响。

3. 供应商承诺与供应商适应行为

企业间承诺是指企业与另一企业维持有价值关系的持久愿望[100]。企业对另一企业做出承诺，表明前者感知到双方关系的公正性，认为双方关系重要，期望与后者维持业务关系，并愿意为此付出努力，做出短期牺牲[118,119]。

承诺是企业间成功合作的关键，能够保证双方实现共同目标，促进新产品与创新的开发与商业化[120,121]。制造商和供应商间承诺有助于双方建立合作伙伴关系，取得更好的绩效结果[122]。制造商和供应商的相互承诺表明，双方均为维持业务关系投入关系专用性投资，认为对方是重要的合作伙伴，与对方维持业务关系是有价值的，有必要通过维持双方业务关系，推动双方在更广方面、更深层次开展合作，创造关系价值，为双方赢得收益。双方的相互承诺有助于双方进行充分的信息交换，共享生产计划、生产能力、库存以及需求预测等信息，提高信息共享质量，提高合作水平，提高供应商运营绩效与创新绩效，提高制造商服务客户的能力，为最终客户创造价值[123,124]。

制造商对供应商做出承诺能够增强供应商感知的分配公正性，促使供应商以关系专用性投资和持续改进予以回馈[125,126]。供应商对制造商的承诺代表前者对于双方关系的长期导向，是在与制造商开展业务往来的过程中形成的认识，是对制造商行为表现评价后形成的行为倾向。供应商对制造商的承诺反映一种信念：供应商认识到双方关系是重要的，双方业务关系值得维持，对该制造商具有强烈情感和高忠诚度，希望与其保持业务关系，并愿意在双方关系中投入资源，期望在双方长期互动中创造更高的关系价值，为自身赢得更高收益[127,128]。供应商对制造商做出承诺暗含着双方就关系维持已达成一致意见，通过资源配置给予制造商优先客户地位，双方将致力于维持双方业已建立的业务关系，这将降低双方关系的不确定性，降低交换风险，使得供应商愿意承受双方关系顺利运行所需的各项成本。因此，供应商有意愿根据维持业务关系的需要，主动了解制造商需求，运用自身能力，整合各种资源，在产品、生产工艺、技术以及人员等方面做出必要调整，支持制造商有效开展运营活动，为提高制造商运营绩效做贡献；通过在双方关系中投入资源，支持双方开展合作，实现共同目标[129]。

在制造商—供应商二元关系中，供应商向制造商做出关系承诺和供应商向制造商做出适应行为都可以表征双方持久关系。二者的主要区别是，关系承诺代表了维持双方关系的愿望和保持一致的认识，代表着一种情感。供应商向制造商做出关系承诺，表明前者已坚定信念，致力于与制造商建立长期业务关系，希望双方关系能够延续下去。供应商做出适应行为，表明供应商有意愿与制造商建立业务关系，并为此进行资源配置，并随着双方关系的延续，根据制造商需求，持续做出适应行为，保证双方业务活动顺利开展，并拓展双方业务合作。因此，供应商适应行为是显性化的关系承诺，是体现维持关系愿望的实际行动[32]。供应商维持双方关系的愿望越强烈，越可能通过做出适应行为表达这种愿望。

根据以上分析，提出假设：

H_7：供应商承诺对供应商适应行为具有正向影响。

4.4.4 环境层面因素与供应商适应行为

1. 竞争强度与供应商适应行为

竞争定位观（Competitive positioning view）提出先外后内的分析思路，即在进行组织内部分析之前，需要先分析外部环境因素，包括企业开展经营和竞争的行业和市场。当企业成功实施外部环境所需战略时，将取得成功[130]。

竞争强度（Competitive intensity）是指，由于市场上存在大量竞争者且缺少进一步增长机会，企业间竞争的激烈程度[131]。竞争强度反映了行业内企业间竞争的程度以及企业面临的竞争压力，是决定市场环境竞争性的重要因素，能够改变客户对企业市场权力的感知[69,132]。

市场竞争是企业需要面对的现实问题。随着经济全球化的推进，企业需要在广阔的国际化市场开展经营活动，展开竞争，赢得有利的市场位置。竞争强度随着市场同类企业数量的增加而加强。随着同类企业的增加，企业间所提供的产品具有一定的同质性，在一定程度上可以相互替代。这将给企业的经营活动带来巨大的挑战[133]。随着竞争的进一步加剧，企业行为结果的可预测性降低，不确定性增加，企业将面临更为巨大的生存压力。此时，企业行为在很大程度上受到竞争者行为的影响。企业需要及时搜集信息，把握竞争者经营动态，明确行动方向和侧重点。在把握竞争者动态的基础上，企业需要采取应对策略，做出适应性变化，致力于增加客户满意度和忠诚度，通过有效开展活动，确定竞争优先权和职能战略，进行产品和工艺创新，开拓新市场；寻找新的竞争方式，力求和竞争者相区别，取得高于竞争者的绩效，在市场上站稳脚跟，并拓展发展空间，适应日益激烈的市场竞争环境[132,134]。

依据互动观（Interactive perspective），竞争强度影响企业对客户的战略应对[135]。随着经济全球化的推进，制造商的生产要素市场同样面临着激烈竞争。对于制造商所需的同一种零部件，通常有多家供应商可以提供。在高度竞争的市场中，不同供应商提供的产品质量具有相似性，较难表现差异化[136]。此时，客户拥有更强的市场权力，能够对供应商提出更多要求，以增加自身收益。供应商需要在国际化市场环境中为自身赢得生存和发展机会，提高市场份额，培养客户忠诚。供应商可选择的竞争策略包括：开发新产品、开拓新市场、降低产品成本、实施产品差异化等。除此之外，供应商可以采取如下竞争策略：持续向制造商做出适应行为，致力于比竞争者更有效地满足制造商需求，为制造商创造更高价值。供应商坚持市场导向，以满足制造商需求为行为准则，及时把握客户需求，搜集竞争者优势、劣势信息，在企业内部传播信息，促使内部各职能部门致力于满足制造商需求，配置自身资源，力求比竞争者更有力度地支持制造商开展运营活动，为制造商创造更高价值，从而培养制造商的忠诚感，促使其做出关系承诺，致力于和供应商建立长期业务关系，为供应商赢得收益，保证供应商在市场上处于更有利的地位[130,137]。日益激烈的市场竞争促使供应商采取有效的竞争策略。供应商通过在特定的制造商—供应商二元关系中做出适应行为，通过服务于制造商提高运营活动的效率和效果，力争比竞争者为制造商创造更高价值，从而提升市场竞争力，对日益激烈的市场竞争做出响应。供应商向制造商做出适应行为，不仅是为了满足制造商需求，也是供应商应对市场竞争的一种策略，是为自身赢得生存和发展空间的一种手段。

根据以上分析，提出假设：

H_8：竞争强度对供应商适应行为具有正向影响。

2. 技术不确定性与供应商适应行为

技术不确定性是指，企业所在行业技术开发变化和不可预测的程度[138]。技术不确定性表明，相关技术及其未来发展具有不稳定性、复杂性和不可预测性，主要表现为产品开发周期缩短，技术快速过时。

技术的不断变化在为企业赢得机遇的同时，也为企业带来了挑战。制造商需要持续跟踪并掌握新技术，在行业技术发生较大变化时，重新进行产品设计，持续开展新产品开发活动。技术变化通常涉及多学科知识，这些知识并不完全存在于制造商内部。制造商单凭自身力量通常难以应对技术变化所带来的挑战，需要依靠供应商获得专业技术知识。不确定性是企业间建立联系的推动力[139]。高技术不确定性促使制造商和供应商合作，共享信息和技术，以及时掌握新技术，保证新产品开发取得成功[140]。

供应商适应行为旨在满足制造商特定需求。随着技术不确定性的增强，制造商增加了对供应商的需求，需要供应商在行为上做出合理调整，与制造商共同应对技术变化带来的挑战。此时，制造商需要供应商参与新产品开发活动中，贡献专业知识、技术等资源，参与新产品方案设计，并设计原材料和零部件，为制造商提供技术支持，通过将双方资源的有效整合，帮助制造商应对技术变化对运营活动的影响。技术不确定性是供应商适应行为的外部推动力，要求供应商做出适应行为。

根据以上分析，提出假设：

H_9：技术不确定性对供应商适应行为具有正向影响。

4.4.5 供应商信任的中介作用

1. 供应商信任在沟通与供应商适应行为关系中的中介作用

沟通是指，企业间以正式或非正式方式共享有意义、适时的信息[141]。依据交易成本理论，企业从自身利益出发，在没有治理过程约束的情形下，有可能表现机会主义行为。企业间的有效和经常沟通能够传递丰富信息，有助于建立社会联结和信任关系，减少机会主义风险，促进企业间知识交换[142]。按照社会资本理论，供应链成员应通过组织间活动（包括信息共享）建立社会关系[143]。

沟通是制造商和供应商之间的重要活动，是促使制造商和供应商建立和维持业务关系的重要影响因素。在进行沟通之前，由于信息不对称，制造商和供应商双方存在着技术、社会等方面的“距离”，双方不能确定是否应该与对方进行业务往来，不能把握和承担与对方进行业务往来所带来的风险。通过经常、正式沟通，双方得以了解彼此的惯例，认识对方的经营理念，明确双方对彼此的期望，共同确定关系目标，解决分歧，缓解双方信息不对称状况，降低双方关系不确定性。双方因而有意愿在关系中投入资源，开展业务，致力于创造关系价值，并通过维持双方业务关系，为双方带来更高价值。

及时、充分的沟通为供应商做出适应行为进而满足制造商需求奠定了基础。通过沟通，供应商得以了解制造商的生产能力、经营计划和生产过程，掌握制造商迫切需要从外部获取的资源，明确制造商的需求，把握制造商有效开展运营活动时需要供应商提供哪些方面的专业知识、技术和能力。供应商适应行为中包含关系专用性投资，通常只能够在与特定制造商的业务关系中发挥最大作用，离开特定制造商—供应商二元关系后，这些投资将会出现不同程度的贬值。供应商在与制造商沟通、了解制造商需求后，能够借以判断该制造商的可信性，以决定是否对该制造商做出关系专用性投资，与该制造商进行业务往来。如果认为该制造商可信，供应商将组织自身资源，在产品、生产技术、生产工艺、技术以及人员等方面做出调整，满足该制造商特定需求。

制造商和供应商间的沟通有助于供应商建立对制造商的信任，进而促使供应商做出适应行为。沟通中得到的信息，使得供应商能够对制造商的可靠性和善意做出判断，确定该制造商是否值得信任，是否能够依靠。当供应商认为，特定制造商是善意的，行为是一致的和可以预测的，供应商将建立对制造商的信任，从而有信心与制造商开展业务活动，保持双方战略、计划和行为上的一致，并通过做出适应行为，与对方开展业务往来，创造关系价值[144]。供应商对特定制造商信任关系的建立，取决于供应商在与该制造商沟通过程中得到的信息，是在分析这些信息的基础上得出的判断。在供应商对制造商信任关系建立起来后，供应商将做出适应行为，支持制造商开展运营活动，帮助制造商提高运营活动的效率和效果。

根据以上分析，提出假设：

H_{10}：沟通通过供应商信任，对供应商适应行为具有正向影响。

2. 供应商信任在互惠与供应商适应行为关系中的中介作用

互惠（Reciprocity）是指接受帮助的一方给予对方回报的程度[145]。互惠是双方在互动过程中形成的文化，表征感知的风险共担、成本共享和利润分配的公正程度，表明双方相互帮助，相互给予“人情”，共同为关系的建立和维持投入资源，实现双方良性互动，在长期关系中为双方赢得收益。互惠是一种关系规范，是企业间合作的决定因素，指导互动双方致力于维护双方利益，强调在一方获得收益的同时，力求为对方也带来收益。同时，互惠规范强调，关系一方不以损害对方利益为代价而使自身受益，一方遭受的短期损失能够在长期业务关系中得到弥补[146]。

在制造商—供应商二元关系中，双方坚持互惠原则，有助于供应商向制造商做出适应行为。互惠代表一种指导双方关系行为的准则，表明双方在业务活动中致力于维护双方利益，期望自身受益的同时，也增加对方的收益。双方的活动将嵌入互惠关系规范中，在对方需要帮助时提供帮助。供应商适应行为是一种关系行为，受到互惠关系规范的影响。供应商在特定制造商—供应商二元关系中做出适应行为，不仅受到供应商对制造商的信任、依赖以及承诺等因素的影响，也受到互惠关系规范的驱动。当制造商为供应商提供帮助时，供应商认为这是制造商给予的“人情”，认为有义务在适当时候给予制造商帮助，以“人情”反馈制造商。供应商做出适应行为通常是对制造商先前提供帮助的友好回馈，遵循了互惠性价值观[147]。

在制造商—供应商二元关系中，互惠有助于供应商建立对制造商的信任，进而对制造商做出适应行为，支持制造商开展运营活动。制造商—供应商二元关系首先是一种经济关系，双方进行业务往来的目的是进行产品买卖。双方在业务活动中恪守互惠原则，表明双方坚持公平交易，信守诺言，主动抑制机会主义行为，致力于保护对方利益，不侵害对方利益。当一方给予对方帮助时，对方会在适当时候也给予帮助，支持对方的经营活动，在双方建立有价值的关系。双方相互理解，相互尊重，供应商将感知到制造商的可靠性和善意，认为制造商的行为和承诺有保证，不会表现机会主义行为，有愿意依靠该制造商，从而建立起对制造商的信任，坚定信念与其开展业务活动，通过做出适应行为，与制造商建立紧密的合作关系，创造关系价值。

根据以上分析，提出假设：

H_{11}：互惠通过供应商信任，对供应商适应行为具有正向影响。

3. 供应商信任在双方人员间关系与供应商适应行为关系中的中介作用

“关系”（Guanxi）是指非正式的私人关系和人际关系[148]。关系网络被认为是中国最基本的非正式制度。关系网络能够助推企业成长，最终表现为更好的财务绩效[149,150]。在中国，“关系”是一种有效的获取外部知识和技术的方法，能够显著提升企业技术创新绩效[151]。在高度不确定性的环境中，“关系”是一种更有效应对交换风险的策略。企业能够通过开发高质量的企业关系创造价值，赢得竞争优势[152-154]。

中国文化的典型特征是非正式、互惠型人际联系，双方有义务相互给予帮助[155]。“关系”是中国社会一种特殊形式的人际关系，扎根于中国文化。“关系”基于相互信任而建立，是非正式关系网络，本质是实现双赢；注重人与人之间建立互惠关系规范，强调相互提供帮助，培养人际关系与感情，相互承担社会义务，建立长期关系，从而获取长期收益[56,156,157]。“关系”不仅是人际关系或友谊，也是应对方请求而给予帮助的义务。这种类型的关系促成了人际信任，有利于形成强联系社会网络。“关系”不仅存在于人际间，也存在于企业间。企业间“关系”是指企业间人际关系的集合[158]。企业的“关系”网络来自个人层面的私人关系，是企业间人际关系的集合[159]。

社会资本理论认为，个人层面“关系”转化为企业层面“关系”，是企业管理战略的一部分，将成为企业有价值的稀缺资源，有助于企业在市场上取得成功，成为一种独特的竞争优势[160,161]。依据开放创新理论，表现为各种关系形式的联系形成的有价值、能被调动的资源，能被用于各种目的。关系中蕴含的人情、感情与“面子”等规范可作为商谈策略，企业借助于人际关系网络，帮助企业开发开放的创新环境，通过与客户、供应商和伙伴维持可持续合作，调动企业内和企业间网络连接，能够获取其他企业的知识、技术等资源，最终提升绩效[162]。在企业层面，“关系”成员鼓励畅所欲言，建立信任，为了企业目的相互帮助，是企业间关系重要的治理机制。

在制造商—供应商二元关系中，双方人员间的关系有助于供应商建立对制造商的信任，从而促使供应商向制造商做出适应行为。制造商和供应商双方人员在业务活动中将形成良好的私人关系，这种关系主要通过双方边界人员（供应商销售人员和制造商采购人员）建立。他们代表各自企业，与对方进行业务活动。良好的私人关系促使双方相互帮助，给予对方人情，为对方保全“面子”，在双方建立深厚的感情。同时，良好的私人关系将促使一方注重保护对方的利益，主动抑制机会主义行为，有意愿为交易伙伴做出短期牺牲，在伙伴间进行相互受益的交换。良好的私人关系中所隐含的互惠规范能够保证行为主体对彼此有信心，互惠性所传递的善意增强了人际间信任。制造商和供应商双方人员间所具有的良好私人关系将有助于供应商建立对制造商的信任。这是因为，当制造商和供应商双方人员间建立良好私人关系时，供应商人员对制造商人员产生信任感，认为对方是可以依靠的。由于制造商人员是制造商的代表，代表着制造商的政策方针和行为倾向，因而供应商人员将建立对制造商整体的信任感。由此，供应商有意愿与制造商进行业务往来，致力于满足制造商需求，在双方关系中投入资源，进行有价值的互动，推动基于信任的交换，推动双方在关系网络内开展合作。

根据以上分析，提出假设：

H_{12}：双方人员间的关系通过供应商信任，对供应商适应行为具有正向影响。

4.4.6 供应商承诺的中介作用

1. 供应商承诺在沟通与供应商适应行为关系中的中介作用

沟通是企业间共享信息的手段，能够为关系双方获得所需信息。而且，沟通也是一种关系治理机制，有助于沟通双方化解冲突，建立合作关系，致力于实现共同目标[163]。在经常、正式沟通的基础上，关系双方有意愿做出适应行为，实现双方良性互动。

在制造商—供应商二元关系中，企业双方的沟通有助于供应商向制造商做出关系承诺，进而做出适应行为。制造商和供应商经常、坦率和充分的沟通有助于降低双方在社会、文化、技术等方面的“距离”，降低信息不对称，促进开发关系规范，促使双方保持认识和期望的一致性，增强团结，共同确定关系目标[164]。因此，有效的沟通是将制造商和供应商联系起来的黏合剂，是促成双方建立合作关系的有效手段。同时，良好的沟通为双方解决关系中的问题提供了有效途径。坚持沟通机制的制造商和供应商双方在出现分歧时，能够通过友好协商解决双方对问题的不一致看法，通过友好协商消除分歧，取得对问题的一致认识，找到问题解决方案。沟通机制使制造商和供应商双方在出现分歧时，能够通过协商，在关系内部解决问题，而无须求助外部主体。由此，供应商认识到与制造商维持业务关系是值得的、有益的，能够避免由于更换交换伙伴而带来的搜寻、谈判等交易成本，因而有意愿继续与该制造商进行业务往来，而不是结束双方的业务关系[165]。沟通是一种机制，能够化解双方的分歧，解决制造商和供应商在业务关系中出现的问题，增强供应商对特定制造商的归属感，因而有意愿做出关系承诺，与其维持业务关系。在做出关系承诺后，供应商有意愿做出适应行为，表达维持业务关系的承诺。

根据以上分析，提出假设：

H_{13}：沟通通过供应商承诺，对供应商适应行为具有正向影响。

2. 供应商承诺在互惠与供应商适应行为关系中的中介作用

制造商和供应商在业务活动中坚持互惠原则，表现为一种善意，表明双方关心对方利益，自身行为旨在增加对方收益，不会将自身收益建立在危害对方利益基础之上。双方将主动在关系中投入资源，与对方开展业务活动，增加对方收益[166]。当一方在关系中投入资源时，对方也将随后投入资源作为回报，共同为关系的建立和维护付出努力。这种良性互动提高了交换绩效，能够为关系双方带来更高收益，提高了双方对关系的满意度，增强了相互依赖性。在互惠关系规范指导下开展业务活动，供应商获得了满意的收益，有助于实现自身经营目标，因而产生了对双方关系强烈的归属感，有意愿与制造商继续开展业务，双方建立紧密的合作关系，持续获得关系价值[145]。此时，供应商不会选择与特定制造商结束业务关系，因为与该制造商的业务关系是有价值的，离开该业务关系的机会成本很高，寻找其他交换伙伴的交易成本也很高。互惠为制造商和供应商维系业务关系提供了一种长效机制，激发供应商向制造商做出越多关系承诺。适应行为和关系承诺均可表征长期关系。供应商对特定制造商做出越多关系承诺，越可能通过做出适应行为，表现维持业务关系的愿望。

根据以上分析，提出假设：

H_{14}：互惠通过供应商承诺，对供应商适应行为具有正向影响。

3. 供应商承诺在双方人员间的关系与供应商适应行为关系中的中介作用

制造商和供应商双方人员在业务活动中将形成良好的私人关系。这种良好的私人关系表明，双方人员已形成深厚的感情，注重双方关系的长期性，期望与对方维持关系，有意愿在双方关系中投入资源，在双方长期往来中为双方赢得更高收益。双方摒弃了在一次交换中使自身利益最大化的行为倾向，将主动抑制机会主义行为。

制造商和供应商双方良好的私人关系促成了双方人员维持关系的意愿。进一步，这种个人层面的关系承诺将扩展到企业层面的关系承诺。供应商、制造商人员分别代表各自企业，与对方开展业务。个人层面形成的良好私人关系使供应商相信，对方人员所代表的制造商整体是可信的，会表现和业务人员一致的行为。供应商认为，该制造商的行为是可靠的，不会损害供应商利益，动机和意向是善意的，有意愿致力于增加双方利益。此时，供应商将做出判断，与该制造商保持业务关系是有价值的，有利于为自身赢得收益。因此，供应商将产生与该制造商维持业务关系的意愿，有信心做出关系承诺，坚持长期导向，在双方关系中继续投入资源，双方建立长期业务关系，在双方长期互动中为双方赢得更高价值。双方人员间关系是个人层面关系，将对企业层面关系产生影响，并将影响企业间行为。制造商和供应商双方人员所形成的良好私人关系，有助于供应商向制造商做出关系承诺，进而在双方关系中继续投入资源，在交换要素和交换过程方面做出调整，为双方维持业务关系奠定基础，推动双方长期合作。

根据以上分析，提出假设：

H_{15}：双方人员关系通过供应商承诺，对供应商适应行为具有正向影响。

4. 供应商承诺在供应商信任与供应商适应行为关系中的中介作用

供应商信任某制造商表明，前者认为后者是善意的，不会出现机会主义行为，行为上是一致的、可预测的。供应商对特定制造商的信任给予供应商信心，坚定了与该制造商进行业务往来的信念，使前者有意愿与后者进行业务往来，有意愿在双方关系中投入资源，向制造商提供原材料、零部件等生产要素，满足该制造商需求，支持制造商开展业务活动，在为制造商创造价值的同时，也为供应商带来收益。供应商对特定制造商的信任，将促使前者做出适应行为，与后者建立业务关系。

进一步讲，供应商对制造商的信任将激发前者向后者做出承诺，进而供应商将向制造商做出适应行为，双方建立长期业务关系，推动双方在更广方面、更深层次开展合作。供应商对特定制造商信任关系的建立，为双方维持业务关系创造了条件。对特定制造商可信性的认可，促使供应商有意愿继续与该制造商开展业务，持续在双方关系中投入实物和人力等资源，向该制造商表明维持关系的愿望，致力于和该制造商进行长期互动，建立有价值的二元关系[167]。对制造商做出承诺，会给供应商带来弱点，容易受到对方机会主义行为的危害。供应商因而只愿意和那些可信的制造商进行业务往来，并维持业务关系，减少由于对方的机会主义行为而给自身带来的损失。信任制造商是供应商做出承诺的前提条件[168]。当供应商建立对特定制造商的信任时，供应商将向该制造商做出关系承诺，进而通过做出适应行为，延续双方业务关系。

根据以上分析，提出假设：

H_{16}：供应商信任通过供应商承诺，对供应商适应行为具有正向影响。

5. 供应商承诺在供应商依赖与供应商适应行为关系中的中介作用

供应商对某制造商表现强依赖性，表明供应商在双方业务关系中获得了很高价值，赢得了高于从其他业务关系中获得的经济利益，该制造商是供应商的重要业务伙伴，对其经营绩效很关键；就业务量而言，供应商在市场上难以找到合适的客户替代该制造商，失去该制造商的代价很高。因此，供应商认为，与该制造商保持业务关系十分重要。只有通过与该制造商继续保持业务关系，供应商才能实现经营目标，提高经营绩效。而且，通过与自身具有强依赖性的制造商维持业务关系，供应商才能更快地将用于生产产品的资金回笼，用于扩大再生产，从而扩大市场份额，提升市场竞争力。因此，当供应商对某制造商具有强依赖性时，前者不会选择和后者结束业务关系，而是倾向于与其继续开展业务，双方建立长期业务关系[169]。同时，在与该制造商保持业务关系的过程中，供应商通过有效满足其需求，能够为该制造商创造更高价值，因而可在一定程度上增强该制造商对供应商的依赖性，缓解双方相互依赖的不对称性，有助于在一定程度上抑制该制造商的机会主义行为，降低其危害供应商利益的行为倾向，有利于双方建立互惠互利的关系规范，促使该制造商保护供应商利益，进而进一步激励供应商在双方关系中投入资源，实现双方良性互动。供应商对特定制造商的依赖，促使前者向后者做出关系承诺，从而持续从双方关系中获取经济利益。供应商在向特定制造商做出关系承诺后，将通过配置资源，在产品、生产工艺、生产技术、交货以及人员等方面做出适应性变化，支持双方维持业务关系。

根据以上分析，提出假设：

H_{17}：供应商依赖通过供应商承诺，对供应商适应行为具有正向影响。

综上，本部分共提出 17 个研究假设。其中，9 个假设是关于因素对供应商适应行为的直接影响，8 个假设是关于因素的中介作用。具体研究假设如表 4-1 所示。

表 4-1 研究假设汇总

编号	研究假设
H_1	供应商能力对供应商适应行为具有正向作用
H_2	供应商高层管理者的支持对供应商适应行为具有正向影响
H_3	制造商需求不确定性对供应商适应行为具有正向影响
H_4	制造商长期导向对供应商适应行为具有正向影响
H_5	供应商信任对供应商适应行为具有正向影响
H_6	供应商依赖对供应商适应行为具有正向影响
H_7	供应商承诺对供应商适应行为具有正向影响
H_8	竞争强度对供应商适应行为具有正向影响
H_9	技术不确定性对供应商适应行为具有正向影响
H_{10}	沟通通过供应商信任，对供应商适应行为具有正向影响
H_{11}	互惠通过供应商信任，对供应商适应行为具有正向影响
H_{12}	双方人员间关系通过供应商信任，对供应商适应行为具有正向影响
H_{13}	沟通通过供应商承诺，对供应商适应行为具有正向影响
H_{14}	互惠通过供应商承诺，对供应商适应行为具有正向影响
H_{15}	双方人员间关系通过供应商承诺，对供应商适应行为具有正向影响
H_{16}	供应商信任通过供应商承诺，对供应商适应行为具有正向影响
H_{17}	供应商依赖通过供应商承诺，对供应商适应行为具有正向影响

4.5 本章小结

本部分基于交易观和关系观，对供应商适应行为的影响因素进行理论分析，构建供应商适应行为影响因素分析框架。通过理论分析和企业访谈，获取供应商适应行为的影响因素。进一步地，构建概念模型，提出研究假设。

本章分析认为，首先，供应商为了向制造商做出适应行为，需要具备某种条件，这些条件包括供应商能力和供应商高层管理者的支持，二者保障供应商能够向制造商做出适应行为。其次，来自制造商层面的因素对供应商适应行为具有影响，包括制造商需求的不确定性和制造商长期导向。制造商需求的不确定性是供应商适应行为的推动力，而制造商长期导向坚定了供应商做出适应行为的信念。再次，存在于制造商—供应商二元关系中的因素对供应商适应行为具有影响作用。这些因素包括双方人员间关系、沟通、互惠、供应商信任、供应商承诺和供应商依赖。制造商和供应商双方人员间的关系将影响双方企业层面间关系，促使供应商做出适应行为。最后，供应商适应行为受环境层面因素的影响，包括技术不确定性。技术不确定性增加了制造商对供应商的需求，需要供应商做出适应行为。企业访谈结果支持供应商适应行为的影响因素分析框架以及通过理论分析提取的因素，并新获取 1 个因素：供应商面临的同业竞争强度。

基于理论分析和企业访谈所得因素，本章通过分析各因素对供应商适应行为的影响作用，构建供应商适应行为的影响因素概念模型，提出研究假设。研究假设中，笔者认为一些因素对供应商适应行为具有直接影响，即供应商能力、供应商高层管理者的支持、制造商需求不确定性、制造商长期导向、供应商信任、供应商承诺、供应商依赖、竞争强度和技术不确定性。另外，一些因素通过中介变量，对供应商适应行为具有间接影响。具体而言，沟通、互惠、双方人员间关系通过供应商信任，对供应商适应行为产生正向影响。沟通、互惠、双方人员间关系、供应商信任、供应商依赖通过供应商承诺，对供应商适应行为产生正向影响。

在构建概念模型并提出研究假设的基础上，本书将在第五章提出实证研究方案，在第六章进行数据分析，对整体结构模型进行拟合分析，对研究假设进行检验。

5 研究设计

本部分旨在阐述实证研究方案。主要包括3方面内容：一是，通过借鉴已有量表、开展小规模访谈以及进行预测试，形成概念模型中涉及变量的正式测量量表；二是，阐述数据收集过程和方法，以及剔除无效问卷的情况；三是，说明统计分析中使用的方法。

5.1 变量测量

为保证量表设计的合理性和科学性，为下一步统计分析奠定良好基础，本部分采用以下步骤进行量表设计。首先，充分借鉴已有量表，形成初始问卷。其次，与企业人员进行深入访谈，并征求专家的意见，对测量题项设置的合理性、准确性以及充分性进行完善，从而对初始问卷进行修订。再次，收集小样本数据，对问卷进行预测试，对量表测量题项做纯化处理。最后，经过以上步骤，形成用于大样本调查的正式问卷。

5.1.1 变量初始测量

概念模型中的变量分为两类：因变量和自变量。下面分别阐述两类变量的初始测量方法。

在概念模型中，供应商适应行为是因变量。在第三章中，基于文献研究并结合访谈，形成初始量表。通过预测试，形成正式量表。运用探索性因子分析法，得出供应商适应行为内容的 5 个维度。运用验证性因子分析法，对探索性因子分析法得出的 5 个维度的稳定性进行检验，并检验量表的信度和效度。检验结果表明，探索性因子分析所得出的供应商适应行为的 5 个维度是存在的，而且是稳固的。同时，量表具有良好的信度和效度，可以用于测量供应商适应行为构念，并采用该量表展开实证研究。

概念模型中其他变量是自变量，用于解释供应商做出适应行为的原因。学者在开展相关研究时，提出了这些构念的测量量表。然而，这些测量量表并不完全是在探讨制造商—供应商二元关系时提出的，需要结合制造商—供应商二元关系情境，对量表进行修正。在测量这些构念时，本书充分借鉴已有量表，并根据本研究情境对语句表述、题项设置进行合理调整。自变量的初始测量量表如表 5-1 所示。

（1）供应商能力。在此，供应商能力是指在制造商—供应商二元关系中，供应商所具备的能够有效满足制造商需求的素质，反映了供应商的实力。

学者普遍认为，供应商能力具有多方面的内容，反映供应商在生产、技术以及交货等方面的实力，需要从多方面构建题项进行测量[67,69,170]。Mahapatra 等人[69]在分析已有研究成果的基础上指出，供应商能力包括 3 个方面内容，即技术和工程能力（Technological/Engineering capability），以保证进行复杂的产品生产，为制造商提供所需产品；柔性能力（Flexibility capability），反映供应商对制造商采购量变化的适应能力；设计和研发能力（Design/R&D capability），反映供应商对制造商产品、工艺设计和创新的支持程度以及设计零部件的能力。该量表从上述3方面构建题项，测量供应商能力构念，反映了供应商为了向客户创造价值，所应该具备的素质。该量表适合于本研究所涉及的情境，采用此量表对供应商能力构念进行初始测量。

（2）供应商高层管理者的支持。在此，供应商高层管理者的支持是指，供应商高层管理者认为供应链管理活动是重要的，能够理解与制造商开展业务活动的利益，并予以支持，参与客户（制造商）关系管理，提供所需资源。供应商高层管理者的支持反映了供应商高层管理者以合作态度管理与制造商关系，致力于为制造商创造价值。Li 和 Lin[171]在探讨如何实现供应链成员企业间信息共享并提高信息质量时，对高层管理者的支持构念进行测量。笔者认为，高层管理者的支持表现为高层管理者认为本企业和交易伙伴关系是重要的；支持供应链管理活动，提供所需资源；认为供应链管理是需要优先考虑的事情；参与供应链管理活动，并使之优化。供应商适应行为和信息共享行为均属于关系行为，二者具有一定的相似性。本书可借鉴在供应链情境下探讨信息共享时所使用的高层管理者支持构念测量量表，并对题项的措辞进行修订，对供应商高层管理者的支持构念进行初始测量。

（3）制造商需求不确定性。制造商需求不确定性是指，制造商对供应商偏好和期望的不可预测性。Tsai 和 Huang[172]将环境不确定性分为技术不确定性和市场不确定性。市场不确定性（Market uncertainty）是指市场的不稳定性和不可预测性，市场结构的变化以及竞争的程度[173]。笔者在测量市场不确定性构念时，从客户需求的变化性、不可预测性等方面入手。Li 和 Sheng[174]构建了测量需求不确定性构念的量表。该量表与 Tsai 和 Huang[172]提出的量表均包含了客户需求变化性以及不可预测性等内容。在制造商—供应商二元关系中，制造商是供应商的客户，秉持市场导向的供应商致力于满足制造商不断变化的需求。采用 Tsai 和 Huang[175]构建的量表对制造商需求不确定性构念进行初始测量，并对题项措辞进行适当修改。

（4）制造商长期导向。在制造商—供应商二元关系中，制造商长期导向表明，制造商认为与特定供应商维持业务关系是有价值的，因而有意愿与该供应商维持业务关系，通过双方长期互动，为双方赢得更高收益。Cannon 等人[92]基于已有研究成果，提出了测量制造商长期导向构念的量表，量表包括 4 个题项，反映了制造商重视与特定供应商保持长期关系；认为从长期看，双方关系是有益的；关注于双方关系的长期目标；期望双方业务关系延续下去。该量表被学者广泛采用，被证明具有良好的信度和效度，能够有效测量制造商长期导向构念，本书采用该量表对制造商长期导向构念进行初始测量。

（5）供应商信任。供应商对某制造商的信任表明，供应商认为该制造商行为是一致的、稳定的、可控的，动机是善意的。Zaheer 和 Venkatraman[176]构建了在制造商—供应商二元关系中，测量供应商对制造商信任构念的测量量表。量表由 3 个题项组成，反映某制造商可以信赖、坚持公平交易以及说话算话的程度。该量表被 Mukherji 和 Francis[15]在研究制造商与供应商相互适应问题时采用，被证明具有良好的信度和效度。本书采用该量表对供应商信任构念进行初始测量。

（6）供应商承诺。供应商对制造商的承诺表明，供应商有意愿与后者维持业务关系，致力于与后者进行长期互动。Nyaga 等人[167]开发出测量制造商和供应商关系承诺的量表。量表反映了制造商和供应商双方期望双方关系能够得以延续，希望双方业务关系随着时间而加强。该量表被证明具有良好的信度和效度，能够有效测量供应商承诺构念。本书采用该量表对供应商承诺构念进行初始测量。

（7）供应商依赖。供应商对制造商的依赖主要表现在经济层面上，反映了特定制造商对供应商经营业绩的贡献以及不可替代性。Ganesan[90]开发出测量供应商对制造商的依赖测量量表，该量表刻画了特定制造商对供应商经营业绩的关键程度，以及失去特定制造商，是否会使供应商销售产品出现困难，以及供应商能否找到该制造商的替代者。该量表被 Mukherji 和 Francis[15]在研究制造商与供应商相互适应问题时采用，具有良好的信度和效度。本书采用该量表对供应商依赖构念进行初始测量。

（8）沟通。在此，沟通是指制造商和供应商双方就业务活动进行信息交换，解决在双方业务关系中出现的问题。Mohr 等人[177]开发出测量制造商与供应商沟通的量表，量表反映了双方围绕业务活动进行信息交换。该量表被证明具有良好的信度和效度，本书采用该量表对沟通构念进行初始测量。

（9）互惠。互惠是一种关系规范，反映了关系双方相互帮助，支持对方经营活动。Lee 等人在探讨买卖双方关系时，提出了测量互惠构念的量表。该量表反映了买卖双方相互提供帮助，一方得到帮助时，对对方给予的帮助进行回报。该量表经检验具有良好的信度和效度，本书采用该量表测量互惠构念。

（10）双方人员间关系。在此，双方人员间关系是指，制造商和供应商双方人员所形成的私人关系。Chen 等人[158]在研究制造商—供应商关系策略问题时，构建了测量双方人员间关系构念的量表。该量表反映了双方人员重视“面子”，在对方需要时，提供帮助。该量表经检验具有良好的信度和效度，本书采用该量表对双方人员间关系构念进行初始测量。

（11）竞争强度。竞争强度反映了行业内企业间竞争的激烈程度。Chan 等人[178]开发了测量竞争强度构念的量表，从行业内企业间竞争程度、企业间提供产品的相互替代性等方面度量。量表具有良好的信度和效度，本书采用该量表对竞争强度构念进行初始测量。

（12）技术不确定性。技术不确定性反映了行业内技术变化的不可预测性。Zhao 等人[140]开发出测量技术不确定性构念的量表。该量表的测量题项反映了行业内技术环境不确定性，技术开发不可预测，以及技术不断变化。该量表经检验具有良好的信度和效度，本书采用该量表进行初始测量。

表 5-1　自变量初始测量量表

变量		题项		
编号	变量名	编号	题项内容	题项来源
1	供应商能力	SC1	我公司具备为该制造商提供所需产品技术和工程的能力	Mahapatra 等人[69]
		SC2	我公司有能力适应该制造商采购量的变化	
		SC3	我公司有能力参与该制造商新产品开发	
		SC4	我公司有能力参与该制造商生产工艺改进	
2	供应商高层管理者的支持	TMS1	我公司高层管理者认为，与该制造商的关系重要	Li 和 Lin[171]
		TMS2	我公司高层管理者支持供应链管理活动	
		TMS3	我公司高层管理者参与供应链管理	
3	制造商需求不确定性	MDU1	该制造商对我公司产品的偏好不断变化	Tsai 和 Huang[172]
		MDU2	该制造商不断开发新产品	
		MDU3	该制造商的需求不同于我公司其他客户	
		MDU4	该制造商的偏好难以预测	

续表

变 量		题 项		
编号	变量名	编号	题项内容	题项来源
4	制造商长期导向	LTO1	对该制造商而言，与我公司保持长期关系很重要	Cannon 等人[92]
		LTO2	该制造商相信，从长期看，和我公司维持关系是有益的	
		LTO3	该制造商关注于双方关系的长期目标	
		LTO4	该制造商期望与我公司进行长期业务往来	
5	供应商信任	ST1	该制造商可以信赖	Zaheer 和 Venkatraman[176]
		ST2	该制造商坚持公平交易	
		ST3	该制造商说话算话	
6	供应商承诺	SC1	我公司希望和该制造商维持业务关系	Nyaga 等人[167]
		SC2	我公司希望逐渐增强与该制造商的业务关系	
		SC3	为了与该制造商维持业务关系，我公司有意愿付出努力	
7	供应商依赖	SD1	在业务量上，我公司很难找到该制造商的替代者	Ganesan[90]
		SD2	失去该制造商将使我公司销售产品变得困难	
		SD3	该制造商对于我公司的经营业绩很关键	
8	沟通	COM1	该制造商和我公司的沟通很充分	Mohr 等人[177]
		COM2	该制造商通常会告诉我公司，在双方业务关系中出现的问题	
		COM3	该制造商表达了对我公司的期望	
9	互惠	REC1	我公司和该制造商相互帮助	Lee 等人[179]
		REC2	得到帮助的一方，对对方提供的帮助进行回报	

续表

变量		题项		
编号	变量名	编号	题项内容	题项来源
10	双方人员间关系	GX1	我们是很好的私人朋友，喜欢这种类型的关系	Chen 等人[180]
		GX2	我们高度重视“面子”，并在双方业务往来中保护对方的“面子”	
		GX3	在节假日，我们交换礼物，以表示对对方的感谢	
		GX4	当对方需要时，一方愿意提供帮助	
11	竞争强度	CI1	我公司行业内竞争很激烈	Chan 等人[178]
		CI2	在我公司行业内，存在着很多促销战	
		CI3	在我公司行业内，一企业能够提供的产品，竞争者也能提供	
		CI4	行业内的一个特征是价格竞争	
12	技术不确定性	TU1	技术环境高度不确定	Zhao 等人[140]
		TU2	技术开发具有高度不可预测性	
		TU3	在这个产品类别中，技术快速变化	

5.1.2 变量测量修订

马庆国[181]认为，任何人都不可能把自己关在屋子里，通过思考，一次设计好问卷，而是需要通过小规模访谈，对问卷进行修订。

笔者认为有必要选取典型企业，进行小规模访谈。其主要目的是：在访谈过程中，通过对被访谈者进行分类和描述，能够为访谈者提供更多信息；确保量表题项与研究目标相关，保证内容效度；考察变量之间的关系是否符合实际情境，是否符合企业实际；通过对题项的分析，避免出现冗余题项；检测设置的问题是否能够得到诚实、准确回答，对于不能得到诚实、准确回答的题项，通过小规模访谈，探讨更合适的提问方法，以求得到被访者客观、真实的回答[182]。

为了保证量表题项能够有效测量构念以保证内容效度，检验题项内容能否被很好理解，同时对于题项设置不充分的题项进行补充，在形成正式量表前，笔者选择具有代表性企业进行深入访谈。此次访谈与第三章供应商适应行为构念内容结构及测量研究访谈同时进行。访谈提纲见附录3。在访谈过程中，请求被访者对各变量内涵的理解，对量表题项设置的合理性、充分性、表述准确性、易懂性发表意见，并对题项设计不充分的变量提出补充题项。基于访谈结果，对量表题项设置进行修订。此外，邀请供应商管理研究领域3名教授和5名博士研究生进行讨论，请他们对量表的科学性、充分性和准确性提出建议，进一步修订量表。

企业访谈以及与教授、博士研究生的讨论结果表明，用以对概念模型中构念进行初始测量的量表能够较好地反映构念的内涵，量表具有较高的内容效度。从整体上看，量表题项设置较为充分，能够有效测度各构念。访谈对象和讨论者对量表题项的用语、表述方式提出了完善意见。关于供应商能力构念，访谈对象认为题项设置不充分，建议加入一项内容，即供应商为制造商提供技术服务的能力。访谈对象认为，供应商不仅应具备技术与工程能力、柔性能力以及创新能力，也需要具备为制造商提供技术服务的能力。为制造商提供必要的技术服务，能够保证制造商更有效地加工供应商所提供的原材料、零部件等生产要素，满足制造商提高运营绩效的需求。综合访谈和讨论成果，对各量表进行修订。

基于访谈和讨论结果，对测量量表进行修订。修订后的自变量测量量表如表5-2所示。

表 5-2　修订后的自变量测量量表

变量		题项		
编号	变量名	编号	题项内容	题项来源
1	供应商能力	SC1	我公司具备为该制造商提供产品技术和工程的能力	Mahapatra 等人[69]
		SC2	我公司有能力适应该制造商采购量的变化	
		SC3	我公司有能力参与该制造商新产品开发	
		SC4	我公司有能力参与该制造商生产工艺改进	
		SC5	我公司有能力为该制造商提供技术服务	企业访谈
2	供应商高层管理者的支持	TMS1	我公司高层管理者认为，与该制造商业务关系重要	Li 和 Lin[171]
		TMS2	我公司高层管理者支持供应链管理活动	
		TMS3	我公司高层管理者参与供应链管理	
3	制造商需求不确定性	MDU1	该制造商对我公司产品的偏好不断变化	Tsai 和 Huang[172]
		MDU2	该制造商不断开发新产品	
		MDU3	该制造商的需求不同于我公司其他客户	
		MDU4	该制造商的偏好和需求难以预测	
4	制造商长期导向	LTO1	对该制造商而言，与我公司保持长期关系很重要	Cannon 等人[92]
		LTO2	该制造商相信，从长期看，和我公司维持关系是有益的	
		LTO3	该制造商关注于双方关系的长期目标	
		LTO4	该制造商期望与我公司进行长期业务往来	
5	供应商信任	ST1	该制造商可以信赖	Zaheer 和 Venkatraman[176]
		ST2	该制造商坚持公平交易	
		ST3	该制造商说话算话	
6	供应商承诺	SCO1	我公司希望和该制造商维持业务关系	Nyaga 等人[167]
		SCO2	我公司希望逐渐增强与该制造商的业务关系	
		SCO3	为了与该制造商维持业务关系，我公司有意愿付出努力	

续表

变量		题项		
编号	变量名	编号	题项内容	题项来源
7	供应商依赖	SD1	在业务量上，我公司很难找到该制造商的替代者	Ganesan[90]
		SD2	失去该制造商将使我公司销售产品变得困难	
		SD3	该制造商对于我公司的经营业绩很关键	
8	沟通	COM1	该制造商和我公司的沟通充分	Mohr 等人[177]
		COM2	该制造商通常会告诉我公司，双方在业务关系中出现的问题	
		COM3	该制造商表达了对我公司的期望	
9	互惠	REC1	我公司和该制造商相互帮助	Lee 等人[179]
		REC2	得到帮助的一方，对对方提供的帮助进行回报	
10	双方人员间关系	GX1	我们是很好的私人朋友，喜欢这种类型的关系	Chen 等人[180]
		GX2	我们高度重视“面子”，并在双方业务往来中保护对方的“面子”	
		GX3	在节假日，我们交换礼物，以表示对对方的感谢	
		GX4	当对方需要时，一方愿意提供帮助	
11	竞争强度	CI1	我公司行业内竞争很激烈	Chan 等人[178]
		CI2	在我公司行业内，存在着很多促销战	
		CI3	在我公司行业内，一企业能够提供的产品，竞争者也能够提供	
		CI4	我公司行业内的一个特征是价格竞争	
12	技术不确定性	TU1	该制造商行业内，技术环境具有不确定性	Zhao 等人[140]
		TU2	该制造商行业内，技术开发具有不可预测性	
		TU3	该制造商行业内，技术快速变化	

5.1.3 变量测量的信度和效度评价

1. 测量评价方法与标准

在对概念模型中所涉及的变量进行初始测量并进行修订后，还需要收集小样本数据，进行预测试（Pretest），分析和评价变量测量量表的有效性。依据分析结果，对量表测量题项进行修正或删除。在此基础上，形成正式问卷，用以大规模发放，获取数据以进行下一步统计分析[181]。测量量表有效性的主要评价指标包括两种：信度评价和效度评价[41]。

信度（Reliability）是指，对于同样的对象，运用同样的观测方法得出同样观测数据（结果）的可能性[41]。常用的信度指标有 3 类：稳定性、等值性和内部一致性。通过这 3 个指标，可以判断调查对象是否认真填写调查问卷。内部一致性评价通常采用 3 种方法，即折半法、KR20 法（Kuded Richardson）和 Cronbach's α 系数法。折半法适合测试项目折半分类的测量工具，KR20 法适用于测量答案只能二选一的测量工具，而 Cronbach's α 系数法常用于定距尺度的测试量表，如李克特量表。概念模型中所有变量均采用李克特 5 点计分法测量，因此信度评价主要针对测量题项的内部一致性展开，应根据 Cronbach's α 系数进行评价。关于信度分析的评价标准，多数学者认为 0.7 是比较合适的标准阈值[41]，即当变量的 Cronbach's α 数值大于 0.7 时，认为量表具有良好的信度；当变量的 Cronbach's α 小于 0.7 时，认为量表信度欠佳。本书采用该标准对量表的内部一致性程度进行评价，进而判断量表的信度。

效度（Validity）是指实际测量值反映试图测量特征的程度。测量效度评价的指标主要包括内容效度和结构效度[41]。内容效度是指量表测量题项的设置是否具有代表性和综合性，题项的有效程度主要取决于测量题项产生的实际背景。通常采用文献分析和访谈法对变量测量的内容效度进行评价，评估测量题项的代表性和综合性程度。本书拟借鉴已有方法，通过文献分析和访谈法对量表内容效度进行评价。具体程序如下：首先，在对概念模型中构念进行测量时，充分参考已有文献，采用成熟量表，在对构念进行初始测量时保证测量题项的代表性和综合性。其次，通过借鉴已有量表对构念进行初始测量后，收集小样本数据进行预测试，对测量题项进行修订和完善，预测试对象为供应商销售部门、制造商采购、生产、技术部门人员以及供应商关系管理研究领域博士研究生，并征求供应链管理研究领域专家的意见。经过以上两个步骤，可以认为，概念模型中各构念的测量量表题项具有较高的代表性和综合性，能够有效测量各构念，各量表具有较高的内容效度。结构效度是指量表测量题项与被研究理论概念一致性的程度。结构效度关注的是所设置的测量题项方向是否一致，能否形成一个整体。结构效度包括收敛效度和区分效度两方面。收敛效度是指测量同一构念的不同题项之间的一致性。通过检验收敛效度，能够剔除“垃圾题项”（Garbage items），减少测量题项的多因子现象，提高测量因子的解释能力。区分效度是指不同变量测量之间的差异化程度。检验区分效度的主要方法是探索性因子分析法，通过检查测量题项的因子载荷进行评价。参照上述做法，本书采用探索性因子法检验量表结构效度。在进行探索性因子分析之前，首先进行变量（题项）间相关性分析，判断是否适合进行因子分析。变量间相关性检验方法主要包括两种：KMO 样本测度和 Bartlett 球体检验。KMO 样本测度通过计算变量间简单相关系数平方和和偏相关系数平方和，并比较二者的大小，判断各变量是否适合进行因子分析。

KMO 统计量的取值介于 0 和 1 之间。统计学家 Kaiser 给出的 KMO 判断标准为：如果 KMO 大于 0.9，表明各变量非常适合做因子分析；如果 KMO 大于 0.8，而小于 0.9，表明各变量适合做因子分析；如果 KMO 大于 0.7，而小于 0.8，表明各变量适合做因子分析的程度为一般；如果 KMO 大于 0.6，而小于 0.7，表明各变量不太适合做因子分析；如果 KMO 小于 0.5，表明各变量不适合做因子分析。Bartlett 球体检验中的统计量根据相关系数矩阵的行列式计算。如果该值较大，且相伴概率值小于用户心中的显著性水平，则拒绝原假设，认为相关系数矩阵不可能是单位阵，即原始变量之间存在相关性，适合进行因子分析。相反，如果该统计量比较小，且相伴概率值大于用户心中的显著性水平，则不能拒绝原假设，认为相关系数矩阵可能是单位阵，不适合做因子分析。在本书的研究中，同时采用 KMO 样本测度和 Bartlett 球体检验两种方法，根据相关标准，判断各构念测量题项是否适合做因子分析。如果各构念测量题项适合进行因子分析，进一步提取公共因子，通过相关标准，对量表结构效度进行评价。

参照已有研究主要做法，本书采用主成分分析法提取公共因子，选择特征值大于 1 的公共因子，并采用方差极大法进行因子载荷矩阵旋转。参照查金祥等人[42]给出的标准，在对量表结构效度进行评价时，遵循以下 3 项原则。

（1）删除自成一个因子的题项，因为其没有内部一致性。

（2）题项在所属因子的载荷值大于 0.5，则其具有收敛效度，否则予以删除。

（3）题项在其所属因子上的载荷值须接近 1，但在其他因子上的载荷须接近于 0，这样表明区分效度良好。因此，如果题项在两个或两个以上因子上的载荷值均小于 0.5，或者在两个或两个以上因子上的载荷值均大于 0.5，属于横跨因子现象，应予以删除。

上述标准保证了每一构念测量的单因子性，同时避免了测量题项出现横跨因子现象。经过上述分析后，不同变量测量题项之间的区分效度将得以提高，并可保证量表的收敛效度，从而保证量表结构效度。

2. 预测试样本数据评价

（1）预测试样本数据收集。为了提高数据质量，为统计分析奠定良好基础，本研究收集小样本数据进行预测试。通过分析概念模型中构念测量量表的信度和效度，进一步对测量题项进行净化处理。本部分使用的小样本数据与第三章小样本数据一起获得，共获得 186 份有效问卷。遵循如下程序，对量表进行信度和效度评价：首先，使用探索性因子分析法，对变量测量量表进行结构效度评价，根据相关准则，剔除不合格题项；其次，在上一步的基础上，计算剩余题项的 Cronbach’s α 系数值，检验量表的信度。如果量表剩余题项的 Cronbach’s α 系数值大于 0.7，则表明量表的信度良好。

（2）效度分析。概念模型中共 13 个变量。在本书的第三章，通过先导测试，已对因变量供应商适应行为构念进行题项净化处理。在此，运用探索性因子分析法，通过收集小样本数据，对概念模型中其余 12 个变量进行效度分析，对题项进行净化处理。在对各量表的测量题项进行因子分析前，先进行 KMO 检验和 Bartlett 球体检验，以判断变量各测量题项是否适合做因子分析，检验结果如表 5-3 所示。检验结果表明，除互惠、竞争强度两个变量外，其余 10 个变量的 KMO 值均大于 0.7。同时，这 10 个变量的 Bartlett 球体检验的相伴概率均为 0.000，表明这 10 个变量适合进行因子分析。互惠和竞争强度两变量虽然 KMO 值小于 0.7，但这两个变量均通过了 Bartlett 球体检验（$P<0.001$），可以认为，这两个变量也适合进行因子分析。

表 5-3 预测试中变量 KMO 检验和 Bartlett 球形检验

编号	变量	检验方法			
		KMO 检验	Bartlett 球形检验		
			近似χ^2值	自由度	相伴概率
1	供应商能力	0.781	889.690	10	0.000
2	供应商高层管理者的支持	0.775	574.242	3	0.000
3	制造商需求不确定性	0.756	858.787	6	0.000
4	制造商长期导向	0.731	1044.028	6	0.000
5	供应商信任	0.727	817.141	3	0.000
6	供应商承诺	0.730	305.659	3	0.000
7	供应商依赖	0.777	1220.085	3	0.000
8	沟通	0.747	1307.751	3	0.000
9	互惠	0.500	437.907	1	0.000
10	双方人员间关系	0.844	1837.657	6	0.000
11	竞争强度	0.626	717.842	6	0.000
12	技术不确定性	0.747	1542.601	3	0.000

各变量探索性因子分析结果如表 5-4 至表 5-15 所示。其中，仅提取一个公共因子的变量，各题项的载荷均大于 0.5。对于提取出两个公共因子的变量，运用方差极大法进行因子载荷矩阵旋转后，同属一个变量公共因子测量题项的最大载荷具有聚积性，表明量表具有较高的收敛效度，即相对于其他因子而言，同一变量的测量题项在相应的因子上的载荷值均大于 0.5。同时，这些测量题项在其他公共因子上的载荷值均小于 0.5，表明各构念测量量表具有良好的区分效度。

表 5-4 预测试中供应商能力构念探索性因子分析结果

编号	变量	题项号	因子载荷
1	供应商能力	SC1	0.910
		SC2	0.928
		SC3	0.909
		SC4	0.747
		SC5	0.845
特征值			3.788
方差贡献率（%）			75.766

表 5-5 预测试中供应商高层管理者的支持构念探索性因子分析结果

编号	变量	题项号	因子载荷
2	供应商高层管理者的支持	TMS1	0.960
		TMS2	0.959
		TMS3	0.950
特征值			2.746
方差贡献率（%）			91.532

表 5-6 预测试中制造商需求不确定性构念探索性因子分析结果

编号	变量	题项号	因子载荷	
			因子 1	因子 2
3	制造商需求不确定性	MDU1	0.974	0.037
		MDU2	0.980	-0.035
		MDU3	0.984	-0.056
		MDU4	-0.018	1.000
特征值			2.879	1.002
方差贡献率（%）			97.036	

表 5-7 预测试中制造商长期导向构念探索性因子分析结果

编号	变量	题项号	因子载荷	
			因子 1	因子 2
4	制造商长期导向	LTO1	0.991	0.051
		LTO2	0.016	1.000
		LTO3	0.986	-0.018
		LTO4	0.984	0.017
特征值			2.926	1.001
方差贡献率（%）			98.157	

表 5-8 预测试中供应商信任构念探索性因子分析结果

编号	变量	题项号	因子载荷
5	供应商信任	ST1	0.979
		ST2	0.981
		ST3	0.934
特征值			2.792
方差贡献率（%）			93.082

表 5-9 预测试中供应商承诺构念探索性因子分析结果

编号	变量	题项号	因子载荷
6	供应商承诺	SCO1	0.914
		SCO2	0.868
		SCO3	0.915
特征值			2.425
方差贡献率（%）			80.826

表 5-10 预测试中供应商依赖构念探索性因子分析结果

编号	变量	题项号	因子载荷
7	供应商依赖	SD1	0.992
		SD2	0.990
		SD3	0.995
特征值			2.956
方差贡献率（%）			98.518

表 5-11 预测试中沟通构念探索性因子分析结果

编号	变量	题项号	因子载荷
8	沟通	COM1	0.991
		COM2	0.997
		COM3	0.993
特征值			2.961
方差贡献率（%）			98.708

表 5-12 预测试中互惠构念探索性因子分析结果

编号	变量	题项号	因子载荷
9	互惠	REC1	0.988
		REC2	0.988
特征值			1.953
方差贡献率（%）			97.646

表 5-13 预测试中双方人员间关系构念探索性因子分析结果

编号	变量	题项号	因子载荷
10	双方人员间关系	GX1	0.969
		GX2	0.961
		GX3	0.992
		GX4	0.993
特征值			3.833
方差贡献率（%）			98.824

表 5-14　预测试中竞争强度构念探索性因子分析结果

编号	变量	题项号	因子载荷	
			因子 1	因子 2
11	竞争强度	CI1	0.962	0.101
		CI2	0.981	-0.035
		CI3	0.927	0.020
		CI4	0.029	0.999
特征值			2.755	1.003
方差贡献率（%）			93.950	

表 5-15　预测试中技术不确定性构念探索性因子分析结果

编号	变量	题项号	因子载荷
12	技术不确定性	TU1	0.994
		TU2	0.998
		TU3	0.997
特征值			2.978
方差贡献率（%）			99.278

依据上述结构效度评价规则，共删除 3 个题项，具体如下：删除制造商需求不确定性构念的测量题项 MDU4，删除制造商长期导向构念的测量题项 LTO2，删除竞争强度构念的测量题项 CI4。这 3 个题项均自成一个因子，使得因子构成题项间没有内部一致性，故应删除。

（3）信度分析。在进行上述效度分析后，对保留下来的构念测量题项进行信度分析。通过 Cronbach's α 系数检验量表的内部一致性。检验结果如表 5-16 所示。所有量表的 Cronbach's α 系数值均大于 0.7，位于理想范围内，表明量表题项间具有良好的内部一致性，量表具有较高的信度。

经过上述效度分析和信度分析，删除了变量测量量表中的冗余题项，从而形成正式测量量表，如附录4所示。基于这些正式量表，本书通过大样本调查收集数据，运用统计方法进行实证检验，并对研究结果进行讨论。

表 5-16 预测试中自变量信度检验

编号	变量	题项个数	Cronbach's α 系数值
1	供应商能力	5	0.919
2	供应商高层管理者的支持	3	0.953
3	制造商需求不确定性	3	0.978
4	制造商长期导向	3	0.987
5	供应商信任	3	0.963
6	供应商承诺	3	0.881
7	供应商依赖	3	0.992
8	沟通	3	0.993
9	互惠	2	0.976
10	双方人员间关系	4	0.985
11	竞争强度	3	0.954
12	技术不确定性	3	0.996

5.2 数据收集

在此，阐述供应商适应行为影响因素实证研究的数据收集和回收情况。样本对象、调查对象和数据收集过程同本书第三章供应商适应行为内容结构及测量研究。共向我国11个省市（陕西、河南、湖北、辽宁、广东、四川、浙江、山东、江苏、上海、重庆）的132家制造类企业发放 782 份问卷，收回 499 份。在进行供应商适应行为内容结构及测量研究时，剔除 11 份无效问卷。在剩下的 488 份问卷中，再次剔除 32 份无效问卷，共得到 456 份有效问卷，问卷有效率为 58.31%。获取的 456 份有效问卷用于供应商适应行为的影响因素实证研究，对整体结构模型进行拟合分析，检验因素对供应商适应行为的直接影响，并检验供应商信任和供应商承诺两个变量的中介效应。

剔除的 32 份问卷具体如下。

（1）填答随意、不认真的问卷。这类问卷的特点是，对于多个（指多于 5 个）变量的测量题项，单个调查对象均选择同一选项。这种填答属于敷衍式填答，填写答案无意义，未能有效反映调查对象对问题的认识，属于无效问卷。运用这种问卷填答所得数据进行统计分析，不能得出有效结论，会干扰认真填答所得数据得出的研究结论，故应剔除。这种类型问卷共 15 份。

（2）填写不全的问卷。问卷填答结果是进行统计分析的前提，调查对象应认真回答问卷中所有问题，反映对于问题的真实认识。因此，如果单份问卷中有多个问题未予以回答，表明调查对象未对这些问题发表意见，不能反映调查对象对问题的看法，影响问卷填答的完整性，故应剔除这类问卷，在此，剔除累计超过 10 个问题未回答的问卷，这种类型的问卷共 17 份。

5.3 数据分析方法

本部分检验各变量对供应商适应行为的影响效应，并检验变量间影响关系，明确各变量在促使供应商向制造商做出适应行为过程中所起到的作用。数据分析程序如下：首先依据回收的数据，对概念模型中所涉及的构念测量量表进行信度和效度检验，判断回收数据的质量。如果各量表通过信度和效度检验，则进行下一步分析；其次，对整体结构模型进行拟合分析，并检验研究假设是否得到支持；最后，检验供应商信任（ST）、供应商承诺（SCO）两个变量的中介效应，分析各变量在促使供应商做出适应行为过程中起到的作用。具体数据分析方法如下。

（1）运用 SPSS 软件和 AMOS 软件，检验量表信度和效度。通过 Cronbach’s α 信度系数法和组合信度（CR）检验量表的内部一致性，判断量表的信度。运用 AMOS 软件，计算各变量的平均变异抽取量（AVE）以及变量间相关系数。通过检查 AVE 是否大于 0.5，判断量表收敛效度。通过比较变量 AVE 的算数平方根是否大于其与其他变量的相关系数，判断量表的区别效度。

（2）运用 AMOS 软件对整体结构模型进行拟合分析，检验研究假设。以 AMOS 软件为分析工具，对第四章提出的概念模型进行拟合分析，结合相关标准，判断回收数据是否能够和整体结构模型有效拟合。通过分析 AMOS 输出结果，检验提出的变量对供应商适应行为直接影响效应的假设（H_1-H_9）是否通过。

（3）运用中介效应分析法检验变量的中介效应。在对整体结构模型进行拟合分析的基础上，进一步检验供应商信任（ST）、供应商承诺（SCO）两个变量的中介效应。如图 4-3 所示，笔者认为沟通（COM）、互惠（REC）、双方人员间关系（GX）通过供应商信任（ST），对供应商适应行为（SAB）产生影响。沟通、互惠、双方人员间关系、供应商信任、供应商依赖（SD）通过供应商承诺（SCO），对供应商适应行为产生影响。参照 Baron 和 Kenny[183] 提出的方法，对供应商信任和供应商承诺的中介效应进行检验，进一步考察变量间影响关系，探讨因素的作用机理，揭示供应商适应行为的源起。

5.4 本章小结

本章在全书中起到承上启下的作用，在第四章构建概念模型并提出研究假设的基础上，阐述实证研究方案。具体包括3方面内容：论述概念模型中构念测量量表产生过程，说明数据收集和回收过程，并阐述统计分析中将要使用的统计方法。在本章的基础上，下一章将基于回收的数据，对整体结构模型进行拟合分析，检验研究假设，判断本书第四章进行的理论分析和研究假设是否得到支持，并对研究结果进行讨论；对于未通过的研究假设，给出理论解释。

6　数据分析与结果讨论

本部分旨在对概念模型进行拟合分析，并对研究假设进行检验，以验证第五章进行的理论分析和研究假设是否符合企业实际。本章包括以下内容：对样本进行描述性统计；检验量表信度和效度；分析变量间相关关系；运用 AMOS 软件对概念模型进行拟合分析，检验研究假设是否成立，并对研究结果进行讨论。

6.1　样本描述性统计

本研究运用问卷背景资料调查中获取的信息，从学历、工作年限、工作职务、企业性质和行业类型 5 方面反映样本特征。通过分析样本特征，初步检查样本数据质量，判断样本数据是否适合进行统计分析。

样本的学历方面，涵盖高中、大专、本科和研究生 4 类。其中，本科和研究生占比 79.82%，接近 80%。这表明，绝大部分调查对象学历层次较高。研究可以认为，调查对象能够准确理解问卷内容，客观反映企业实际，问卷填答质量可以得到保证，运用所回收的数据进行统计分析，能够得出有效结论。

样本的工作年限方面，73.46%的调查对象在企业的工作年限超过 5 年。较长的工作年限保证调查对象能够准确、深刻认识企业实际，有效把握制造商和供应商双方业务活动情况，保证数据质量以得出有效结论。

样本的工作职务方面，涵盖制造商和供应商双方相关职能部门人员，具体包括供应商销售人员、生产人员和技术人员，制造商采购人员、运营经理、生产人员和技术人员。这些职能部门人员均是与供应商做出适应行为关系较为密切的人员。其中，从供应商方面收集的样本占比 62.06%，从制造商方面收集的样本占比 37.94%。从制造商和供应商双方收集的问卷数量比较均衡，有助于从制造商和供应商双方获得对于问题的认识，保证研究结果的有效性。边界人员（供应商销售人员、制造商采购人员）是供应商适应行为过程的主要参与方，因而应该主要从边界人员收集数据。本研究共从边界人员回收有效问卷 191 份，占比 41.89%，接近 50%，保证了数据的有效性，符合研究要求。

样本的企业性质方面，涵盖国有控股、外商独资和中外合资 3 类，3 类企业性质的样本分别占比 39.47%、33.33%和 27.19%，从 3 种性质企业收集的样本数量较为均衡。从不同性质企业收集数据，有助于保证样本涵盖不同性质企业的信息，反映不同性质企业的实际情况，保证研究结论的普适性。

样本的行业类型方面，涵盖通用设备制造业、通信设备制造业、专用设备制造业和交通运输设备制造业，4 种行业类型样本数据各占比 26.54%、21.49%、28.73%和 23.25%，从 4 种行业类型收集的样本数量较为均衡。样本中既包括通用设备制造业，也包括专用设备制造业，并涵盖通信设备制造业（如计算机业）和交通运输设备制造业（如汽车业），能够反映不同行业的信息，发现不同行业中供应商适应行为的特点，并分析不同行业中供应商与制造商关系的特点，提高研究结果的适用性。

样本背景资料分布情况如表 6-1 所示。

表 6-1　样本背景资料分布情况

项目	类别	样本数	构成比（%）
学历	高中	42	9.21
	大专	50	10.96
	本科	193	42.32
	研究生	171	37.50
工作年限	5 年以下	121	26.54
	6~10 年	142	31.14
	11~15 年	132	28.95
	20~25 年	40	8.77
	25 年以上	21	4.61
工作职务	供应商销售人员	108	23.68
	供应商生产人员	83	18.20
	供应商技术人员	92	20.18
	制造商采购人员	83	18.20
	制造商运营经理	10	2.19
	制造商生产人员	52	11.40
	制造商技术人员	28	6.14
企业性质	国有控股	180	39.47
	外商独资	152	33.33
	中外合资	124	27.19
行业类型	通用设备制造业	121	26.54
	通信设备制造业	98	21.49
	专用设备制造业	131	28.73
	交通运输设备制造业	106	23.25

6.2 量表信度与效度检验

本部分运用大样本调查所得数据，检验量表信度和效度，判断样本数据的质量，评估样本数据是否适合进行统计分析。

6.2.1 量表信度检验

本研究采用 Cronbach's α 信度系数法和组合信度（CR）检验量表的内部一致性，进而判断量表信度。如果量表的 Cronbach's α 值或 CR 值高于 0.7，即认为量表具有良好的信度。

如表 6-2 所示，供应商承诺（SCO）变量的 Cronbach's α 值为 0.757，高于 0.7。除此之外，其他变量的 Cronbach's α 值均大于 0.8。而且，制造商长期导向（LTO）、供应商信任（ST）、制造商需求不确定性（MDU）、供应商能力（SC）、竞争强度（CI）、双方人员间关系（GX）、互惠（REC）、技术不确定性（TU）以及供应商依赖（SD）9 个变量的 Cronbach's α 值均超过 0.9，表明各量表信度较高。供应商承诺（SCO）变量的 CR 值为 0.763，高于 0.7。其余变量的 CR 值均大于 0.8。而且，制造商长期导向（LTO）、供应商信任（ST）、制造商需求不确定性（MDU）、供应商能力（SC）、竞争强度（CI）、双方人员间关系（GX）、互惠（REC）、技术不确定性（TU）以及供应商依赖（SD）9 个变量的 CR 值均超过 0.9，表明各量表具有较高的信度。

本书第三章已对供应商适应行为（SAB）构念最终测量量表进行信度和效度检验。检验结果表明，构建的量表具有良好的信度和效度。在进行供应商适应行为的影响因素实证研究时，借鉴第三章的研究成果，选取供应商适应行为构念最终测量量表5个维度中的单一测量指标作为该维度的测量指标，并提取相应测量题项的样本数据进行模型的拟合检验。基于上述处理方法，在此对供应商适应行为（SAB）构念再次进行信度和效度检验，判断样本数据质量。

综合各量表 Cronbach's α 值和 CR 值，本研究认为各量表题项的内部一致性良好，各量表具有较高的信度。

表 6-2 量表信度和收敛效度检验

潜变量	Cronbach's α	CR	AVE 值
SAB	0.852	0.854	0.540
SC	0.944	0.944	0.770
TMS	0.880	0.882	0.715
MDU	0.939	0.941	0.841
LTO	0.906	0.907	0.764
ST	0.939	0.939	0.838
SCO	0.757	0.762	0.518
SD	0.976	0.976	0.931
COM	0.839	0.848	0.654
REC	0.960	0.960	0.924
GX	0.958	0.959	0.853
CI	0.947	0.948	0.858
TU	0.967	0.967	0.909

6.2.2 量表效度检验

量表效度分为内容效度和结构效度，分别检验量表的内容效度和结构效度，借以判断量表的整体效度。

内容效度方面，本研究在充分借鉴已有成熟量表的基础上，对概念模型中的构念进行初始测量。初始问卷设计好后，邀请企业相关人员进行问卷预测试，采纳制造商采购部门、生产部门人员以及供应商销售部门人员的建议，并征求供应链管理专家意见，对题项表述进行合理调整，在此基础上最终形成用于大规模发放的正式问卷。因此，各变量题项具有较高的代表性和综合性，能够有效反映变量内容，表明量表具有较高的内容效度。因此，可以使用正式问卷中的题项测量各变量。

结构效度检验包括收敛效度和区别效度检验。通过检查各变量的平均变异抽取量（AVE）数值，检验量表收敛效度。AVE 值是潜在变量，可以解释指标变量变异量的比值。AVE 值越大，表明测量指标越能有效反映其共同因素构念的潜在特质，指标变量被潜在变量构念所解释的变异量百分比越大，相对的测量误差越小。通常采用的判断标准是 AVE 要大于 0.5。如果变量的 AVE 值大于 0.5，即认为量表具有较高的收敛效度；如果变量 AVE 数值小于 0.5，表明量表收敛效度欠佳。运用 AMOS 软件进行一阶验证性因子分析，观察各变量的 AVE 值是否大于 0.5。如表 6-2 所示，各变量的 AVE 值均大于 0.5，表明指标变量（测量题项）被潜在变量构念解释的变异量比例较大，测量误差较小，因此各量表收敛效度良好。区别效度方面，判断变量 AVE 值的算术平方根是否大于其与其他变量的相关系数。如果变量 AVE 值的算数平方根显著大于其与其他变量的相关系数，表明变量具有良好的区别效度；如果变量 AVE 值的算数平方根小于其与其他变量的相关系数，表明变量的区别效度欠佳。如表 6-3 所示，各变量 AVE 值的算术平方根均明显大于其与其他因子的相关系数，说明各量表的区别效度良好。

综合收敛效度和区别效度检验结果，认为各量表结构效度较高。综合量表内容效度和结构效度检验结果，可以认为各量表效度较高。

表 6-3 量表区别效度检验

	SAB	SC	TMS	MDU	LTO	ST	SCO	SD	COM	REC	GX	CI	TU
SAB	0. 735												
SC	0. 393	0. 878											
TMS	0. 395	0. 536	0. 845										
MDU	0. 249	0. 003	0. 142	0. 917									
LTO	0. 404	0. 323	0. 303	0. 103	0. 874								
ST	0. 426	0. 319	0. 372	0. 070	0. 203	0. 916							
SCO	0. 451	0. 125	0. 121	0. 158	0. 083	0. 426	0. 720						
SD	0. 241	0. 053	0. 098	0. 004	0. 045	0. 171	0. 348	0. 965					
COM	0. 251	0. 025	0. 074	0. 104	0. 044	0. 200	0. 422	0. 069	0. 809				
REC	0. 170	0. 166	0. 136	0. 136	0. 099	0. 249	0. 276	0. 107	0. 047	0. 961			
GX	0. 175	0. 100	0. 046	0. 088	0. 192	0. 199	0. 328	0. 181	0. 136	0. 191	0. 924		
CI	0. 343	0. 404	0. 274	0. 016	0. 123	0. 295	0. 116	0. 035	0. 056	0. 270	0. 072	0. 926	
TU	0. 281	0. 291	0. 211	0. 174	0. 239	0. 297	0. 125	0. 038	0. 058	0. 130	0. 114	0. 392	0. 953

注：对角线上数据是相应变量 AVE 值的算数平方根，对角线以下数据是变量间相关系数。

6.3 变量间相关性检验

本研究在运用 AMOS 软件对整体结构模型进行拟合分析以及假设检验之前，首先对概念模型中 13 个变量间的相关性进行检验，以判断变量间是否存在显著相关关系，并对第五章所提研究假设进行初步检验。变量间相关系数及其显著水平如表 6-4 所示。

表 6-4　变量间相关性检验

	SAB	SC	TMS	MDU	LTO	ST	SCO	SD	COM	REC	GX	CI	TU
SAB	1. 000												
SC	0. 393 * * *	1. 000											
TMS	0. 395 * * *	0. 536 * * *	1. 000										
MDU	0. 249 * * *	0. 003	0. 142 * *	1. 000									
LTO	0. 404 * * *	0. 323 * * *	0. 303 * * *	0. 103 *	1. 000								
ST	0. 426 * * *	0. 319 * * *	0. 372 * * *	0. 070	0. 203 * * *	1. 000							
SCO	0. 451 * * *	0. 125 *	0. 121 *	0. 158 * *	0. 083	0. 426 * * *	1. 000						
SD	0. 241 * * *	0. 053	0. 098	0. 004	0. 045	0. 171 * * *	0. 348 * * *	1. 000					
COM	0. 251 * * *	0. 025	0. 074	0. 104 *	0. 044	0. 200 * * *	0. 422 * * *	0. 069	1. 000				
REC	0. 170 * *	0. 166 * * *	0. 136 * *	0. 136 * *	0. 099	0. 249 * * *	0. 276 * * *	0. 107 *	0. 047	1. 000			
GX	0. 175 * * *	0. 100 *	0. 046	0. 088	0. 192 * * *	0. 199 * * *	0. 328 * * *	0. 181 * * *	0. 136 * *	0. 191 * * *	1. 000		
CI	0. 343 * * *	0. 404 * * *	0. 274 * * *	0. 016	0. 123 *	0. 295 * * *	0. 116 *	0. 035	0. 056	0. 270 * * *	0. 072	1. 000	
TU	0. 281 * * *	0. 291 * * *	0. 211 * * *	0. 174 * * *	0. 239 * * *	0. 297 * * *	0. 125 *	0. 038	0. 058	0. 130 * *	0. 114 *	0. 392 * * *	1. 000

注: * * * 代表 P<0. 001; * * 代表 P<0. 01; * 代表 P<0. 05。

由表6-4可知：自变量供应商能力（SC）、供应商高层管理者的支持（TMS）、制造商需求不确定性（MDU）、制造商长期导向（LTO）、供应商信任（ST）、供应商承诺（SCO）、供应商依赖（SD）、竞争强度（CI）以及技术不确定性（TU）与因变量供应商适应行为（SAB）的相关系数均在0.001显著水平下显著，初步证实了研究假设 H_1-H_9。变量间相关关系显著，表明变量间存在显著的相互影响关系。在下一节，运用AMOS软件，进一步考察变量间单向影响关系，检验自变量是否对因变量供应商适应行为具有显著的影响作用。

沟通（COM）、互惠（REC）以及双方人员间关系（GX）与供应商适应行为（SAB）的相关系数均在0.01显著水平下达到显著。同时，沟通、互惠、双方人员间关系与供应商信任（ST）的相关系数均在0.001显著水平下显著。这表明，沟通、互惠、双方人员间关系有可能以供应商信任为中介变量，进而对供应商适应行为产生影响。此外，供应商信任（ST）和供应商依赖（SD）两个变量与供应商适应行为的相关系数在0.001显著水平下显著。同时，沟通、互惠、双方人员间关系、供应商信任和供应商依赖5个变量与供应商承诺（SCO）的相关系数均在0.001显著水平下显著。这表明，沟通、互惠、双方人员间关系、供应商信任和供应商依赖5个变量有可能通过供应商承诺，对供应商适应行为产生影响。有必要运用中介效应检验方法，对供应商信任和供应商承诺两个变量的中介作用进行检验。

变量间相关性检验初步检验了本书第五章提出的研究假设。在本章下一节，运用AMOS软件对整体结构模型进行拟合分析，并对研究假设进行检验。同时，运用SPSS软件，对供应商信任和供应商承诺两个变量的中介效应进行检验，分析变量间影响关系，揭示各因素在促使供应商做出适应行为过程中所起到的作用。

6.4 假设检验

6.4.1 整体结构模型拟合分析

本部分以 AMOS 软件为分析工具，对供应商适应行为的影响因素整体结构模型进行拟合分析。参照已有研究的做法，在构建整体结构方程模型时，运用本书第三章的研究结论，选取供应商适应行为构念测量量表 5 个维度中的单一测量指标作为该维度的测量指标，并提取相应测量题项的样本数据进行模型拟合检验[184]。

图 6-1 给出了拟合分析结果，并标注了路径系数、因素负荷量、指标测量误差和内因潜在变量测量误差，各数值均为标准化估计值。考虑概念模型中变量间存在相关关系，在构建整体结构模型时，根据分析结果，将具有相关关系的变量用双向箭头连接。表 6-5 为整体结构模型拟合分析后的结果。CMIN/DF 为 1.078（886/822），介于 1 和 3 之间，显著性概率值 $P=0.06>0.05$，未达到 0.050 显著水平，接受虚无假设，说明样本数据与假设模型可以拟合。其他模型适配度指标方面，GFI 和 AGFI 值通常被视为绝对适配指标。此处，GFI = 0.907，大于 0.9，AGFI = 0.892，接近 0.9，表明模型达到可以适配的标准。NFI、IFI、TLI 和 CFI 是基准线比较适配统计量。在此，NFI = 0.950 > 0.9，IFI = 0.996 > 0.9，TLI = 0.996 > 0.9，CFI = 0.996 > 0.9，均符合模型适配标准，表明整体结构模型和样本数据的整体适配度良好。一般而言，RMSEA 值越小，表示模型的适配度越好。RMSEA = 0.013 < 0.05，表明模型适配度良好。

综上，模型统计量均达到理想数值，表明整体结构模型拟合良好，构建的整体结构模型是合适的。进一步根据 AMOS 软件输出结果，检验自变量对因变量的直接效应，判断研究假设是否得到支持。

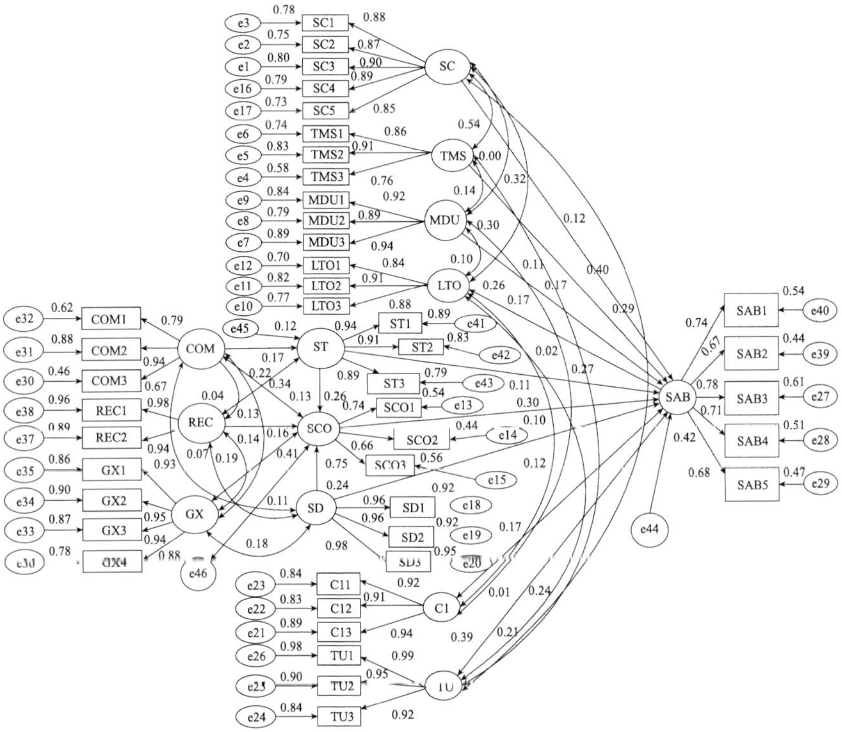

图 6-1 整体结构模型标准化估计

表 6-5 整体结构模型拟合分析

拟合指标	理想数值区间	指标值	拟合情况
CMIN/DF	1~3	1.078	很好
P	大于 0.05	0.060	很好
GFI	大于 0.9	0.907	良好
AGFI	大于 0.9	0.892	良好
CFI	大于 0.9	0.996	很好
NFI	大于 0.9	0.950	很好

续表

拟合指标	理想数值区间	指标值	拟合情况
IFI	大于 0.9	0.996	很好
TLI	大于 0.9	0.996	很好
RMSEA	小于 0.05	0.013	很好

6.4.2 直接效应检验

在此，检验以下 9 个变量对供应商适应行为的直接效应：供应商能力（SC）、供应商高层管理者的支持（TMS）、制造商需求不确定性（MDU）、制造商长期导向（LTO）、供应商信任（ST）、供应商依赖（SD）、供应商承诺（SCO）、竞争强度（CI）和技术不确定性（TU）。运用 AMOS 软件对相应的 9 个研究假设 H_1-H_9进行检验，结果如表 6-6 所示。所列示的路径系数值采用极大似然法估计，且均为标准化回归系数（β 值）。由表 6-6 可知，技术不确定性（TU）对供应商适应行为（SAB）影响作用的估计值在 0.05 显著水平下不显著，表明 H_9未得到支持。除此之外，其余 8 条路径的 β 值均为正，且路径系数值均在 0.05 显著水平下达到显著。而且，制造商需求不确定性（MDU）、制造商长期导向（LTO）、供应商承诺（SCO）以及竞争强度（CI）4 个变量的路径系数值在 0.001 显著水平下达到显著，这表明，假设 H_1-H_8得到支持。

检验结果表明，供应商层面因素方面，供应商能力和供应商高层管理者的支持使供应商具备向制造商做出适应行为的条件，对供应商适应行为具有显著的正向影响。制造商层面因素方面，制造商需求不确定性和制造商长期导向两个变量均对供应商适应行为具有显著的正向影响。关系层面因素方面，供应商对制造商的信任、依赖和承诺均促使供应商做出适应行为。环境层面因素方面，竞争强度推动供应商做出适应行为，而技术不确定性并未表现出对供应商适应行为的显著作用。

表 6-6 同时显示，沟通（COM）、互惠（REC）以及双方人员间关系（GX）对供应商信任（ST）具有显著的正向影响，沟通（COM）、互惠（REC）、双方人员间关系（GX）、供应商信任（ST）以及供应商依赖（SD）对供应商承诺（SCO）具有显著的正向影响。结合变量间相关关系分析结果，本研究认为供应商信任可能是沟通、互惠以及双方人员间关系 3 个变量对供应商适应行为产生影响的中介变量，供应商承诺可能是沟通、互惠、双方人员间关系、供应商信任以及供应商依赖 5 个变量对供应商适应行为产生影响的中介变量。进一步运用中介效应检验方法，判断供应商信任和供应商承诺两个变量是否具有中介作用，检验假设 H_{10}-H_{17}是否成立。

表 6-6　回归加权表

变量间影响路径	估计值	标准误估计值	C. R. 值	P 值
SC→SAB	0. 099	0. 047	2. 092	0. 036
TMS→SAB	0. 111	0. 055	2. 01	0. 044
MDU→SAB	0. 179	0. 048	3. 722	***
LTO→SAB	0. 233	0. 045	5. 238	***
ST→SAB	0. 094	0. 041	2. 294	0. 022
SD→SAB	0. 081	0. 039	2. 088	0. 037
SCO→SAB	0. 313	0. 063	4. 964	***
CI→SAB	0. 162	0. 048	3. 389	***
TU→SAB	0. 004	0. 039	0. 107	0. 915
COM→ST	0. 292	0. 083	3. 505	***
REC→ST	0. 247	0. 054	4. 53	***
GX→ST	0. 143	0. 051	2. 807	0. 005
COM→SCO	0. 453	0. 072	6. 302	***

续表

变量间影响路径	估计值	标准误估计值	C. R. 值	P 值
REC→SCO	0. 121	0. 044	2. 759	0. 006
ST→SCO	0. 204	0. 04	5. 055	***
SD→SCO	0. 193	0. 038	5. 071	***
GX→SCO	0. 134	0. 041	3. 277	0. 001

注：*** 表示 $P<0.001$，表明估计值在 0. 001 显著水平下显著；$P<0.050$，表明估计值在 0. 050 显著水平下显著。下同。

6. 4. 3 中介效应检验

在此，检验供应商信任、供应商承诺两变量的中介作用，进一步考察各因素在促使供应商做出适应行为过程中所起到的作用，探讨因素的作用机理。具体而言，检验以下 8 条路径中供应商信任、供应商承诺的中介作用：供应商信任在“沟通、互惠、双方人员间关系对供应商适应行为”的中介作用；供应商承诺在“沟通、互惠、双方人员间关系、供应商信任、供应商依赖对供应商适应行为”的中介作用。借鉴 Baron 和 Kenny[183]提出的多元回归方法，构建 3 个回归方程，通过分析回归系数及其显著水平，检验供应商信任、供应商承诺两个变量的中介效应。

1. 供应商信任变量的中介效应检验

检验供应商信任变量在“沟通、互惠、双方人员间关系对供应商适应行为”的中介作用。

构建以下 3 个回归方程：

$$SAB=c_1\times COM+c_2\times REC+c_3\times GX+e_1$$

$$ST=a_1\times COM+a_2\times REC+a_3\times GX+e_2$$

$$SAB=c_1'\times COM+c_2'\times REC+c_3'\times GX+b_1\times ST+e_3$$

其中，SAB 代表供应商适应行为，COM 代表沟通，REC 代表互惠，GX 代表双方人员间关系，ST 代表供应商信任；a_1、a_2、a_3分别代表沟通、互惠、双方人员间关系对供应商信任的回归系数；c_1、c_2、c_3分别代表沟通、互惠、双方人员间关系对供应商适应行为的回归系数；c_1'、c_2'、c_3'、b_1分别代表在沟通、互惠、双方人员间关系、供应商信任全部进入回归方程后，各变量的回归系数；e_1、e_2、e_3分别为 3 个回归模型的随机误差项。检验结果如表 6-7 所示。

在分析回归结果之前，首先对变量之间的多重共线性进行检验，以判断变量间是否存在多重共线性问题。由表 6-7 可知，在 3 个回归方程中，各变量的 VIF 介于 1 和 1.2 之间，远低于 10。因此，可以认为自变量间不存在严重的多重共线性问题，可以进行进一步分析。3 个回归方程 F 统计量相伴概率值均小于 0.001，表明自变量与因变量之间存在线性回归关系，设定的 3 个回归方程均可以接受。

回归方程 1 结果表明，沟通、互惠、双方人员间关系的回归系数均为正，且分别在 0.001、0.01 和 0.05 显著水平下显著。这表明，沟通、互惠、双方人员间关系对供应商适应行为具有显著正向影响，证实了本书第四章的理论分析。沟通、互惠、双方人员间关系 3 个变量有可能通过中介变量，进而对供应商适应行为产生影响。

回归方程 2 结果表明，沟通、互惠、双方人员间关系的回归系数均为正，且分别在 0.001、0.001 和 0.05 显著水平下显著。这表明，沟通、互惠、双方人员间关系对供应商建立对制造商的信任具有显著的正向影响，证实了本书第五章的理论分析和研究假设。

回归方程 3 结果表明，在将沟通、互惠、双方人员间关系以及供应商信任均纳入回归方程后，沟通、供应商信任的回归系数为正，且分别在 0.01、0.001 显著水平下显著，而互惠、双方人员间关系两个变量的回归系数在 0.05 显著水平下不再显著。与回归方程 1 相比，沟通变量的回归系数由 0.199 降为 0.141。在加入供应商信任变量后，沟通变量的回归系数变小。这表明，供应商信任变量在“沟通、互惠、双方人员间关系对供应商适应行为”中发挥着中介作用。具体而言，供应商信任在“互惠、双方人员间关系对供应商适应行为”中发挥着完全中介作用，在“沟通对供应商适应行为”中发挥着部分中介作用。

综合 3 个回归方程的结果，假设 H_{10}-H_{12}均得到支持。这表明，制造商和供应商双方良好的沟通、坚持互惠原则以及双方人员良好的私人关系有助于供应商建立对制造商的信任，进而促使供应商做出适应行为，与制造商建立并维持业务关系。

表 6-7　供应商信任变量的中介效应检验

	因变量	自变量	标准化系数	T 值	P 值	VIF	调整后 R^2	F 值
回归方程 1	SAB	COM	0.199	4.359	0.000	1.019	0.071	12.674***
		REC	0.130	2.823	0.005	1.034		
		GX	0.095	2.053	0.041	1.048		
回归方程 2	ST	COM	0.178	3.974	0.000	1.019	0.099	17.685***
		REC	0.208	4.599	0.000	1.034		
		GX	0.111	2.432	0.015	1.048		
回归方程 3	SAB	COM	0.141	3.199	0.001	1.054	0.165	23.459***
		REC	0.062	1.391	0.165	1.082		
		GX	0.059	1.334	0.183	1.062		
		ST	0.325	7.181	0.000	1.117		

注：说明同表 6-6。

2. 供应商承诺变量的中介效应检验

检验供应商承诺变量在“沟通、互惠、双方人员间关系、供应商信任、供应商依赖对供应商适应行为”的中介作用。

构建如下 3 个回归方程：

$$SAB=c_1\times COM+c_2\times REC+c_3\times GX+c_4\times ST+c_5\times SD+e_1$$

$$SCO=a_1\times COM+a_2\times REC+a_3\times GX+a_4\times ST+a_5\times SD+e_2$$

$$SAB=c_1'\times COM+c_2'\times REC+c_3'\times GX+c_4'\times ST+c_5'\times SD+b_1\times SCO+e_3$$

其中，SAB 代表供应商适应行为，COM 代表沟通，REC 代表互惠，GX 代表双方人员间关系，ST 代表供应商信任，SD 代表供应商依赖；a_1、a_2、a_3、a_4、a_5分别代表沟通、互惠、双方人员间关系、供应商信任、供应商依赖对供应商承诺的回归系数；c_1、c_2、c_3、c_4、c_5分别代表沟通、互惠、双方人员间关系、供应商信任、供应商依赖对供应商适应行为的回归系数；c_1'、c_2'、c_3'、c_4'、c_5'、b_1分别代表在沟通、互惠、双方人员间关系、供应商信任、供应商依赖全部进入回归方程后，各变量的回归系数；e_1、e_2、e_3分别为 3 个回归模型的随机误差项。如表 6-8 所示，在回归方程 1 中，当沟通、互惠、双方人员间关系、供应商信任、供应商依赖纳入回归方程后，互惠、双方人员间关系两个变量对供应商适应行为影响作用不显著。依据中介效应检验规则，认为互惠、双方人员间关系两个变量和供应商适应行为变量间不存在中介变量，中介效应不成立。因此，在设定回归方程时，将互惠和双方人员间关系变量剔除。

重新构建如下 3 个回归方程：

$$SAB=c_1\times COM+c_2\times ST+c_3\times SD+e_1$$

$$SCO=a_1\times COM+a_2\times ST+a_3\times SD+e_2$$

$$SAB=c_1'\times COM+c_2'\times ST+c_3'\times SD+b_1\times SCO+e_3$$

其中，SAB 代表供应商适应行为，COM 代表沟通，ST 代表供应商信任，SD 代表供应商依赖；a_1、a_2、a_3分别代表沟通、供应商信任、供应商依赖对供应商承诺的回归系数；c_1、c_2、c_3分别代表沟通、供应商信任、供应商依赖对供应商适应行为的回归系数；c_1'、c_2'、c_3'、b_1分别代表在沟通、供应商信任、供应商依赖全部进入回归方程后，各变量的回归系数；e_1、e_2、e_3分别为 3 个回归模型的随机误差项。检验结果如表 6-8 所示。

表 6-8 供应商承诺变量的中介效应检验

	因变量	自变量	标准化系数	T 值	P 值	VIF	调整后 R^2	F 值
回归方程 1	SAB	COM	0.139	3.194	0.002	1.054	0.184	21.501***
		REC	0.054	1.227	0.220	1.085		
		GX	0.038	0.870	0.385	1.082		
		ST	0.307	6.815	0.000	1.133		
		SD	0.147	3.389	0.001	1.053		
回归方程 1'	SAB	COM	0.143	3.300	0.001	1.045	0.183	34.924***
		ST	0.324	7.403	0.000	1.069		
		SD	0.157	3.648	0.000	1.027		
回归方程 2	SCO	COM	0.281	6.847	0.000	1.045	0.264	55.351***
		ST	0.268	6.437	0.000	1.069		
		SD	0.241	5.915	0.000	1.027		
回归方程 3	SAB	COM	0.084	1.888	0.060	1.153	0.213	31.781***
		ST	0.269	5.979	0.000	1.167		
		SD	0.106	2.434	0.015	1.107		
		SCO	0.208	4.282	0.000	1.367		

注：说明同表 6-6。

在分析回归结果之前，先对变量之间的多重共线性进行检验，以判断变量间是否存在多重共线性问题。由表 6-8 可知，在 3 个回归方程中，各变量的 VIF 介于 1 和 1.4 之间，远低于 10。因此，可以认为自变量间不存在严重的多重共线性问题。3 个回归方程的 F 统计量相伴概率值均小于 0.001，表明自变量与因变量之间存在线性回归关系，3 个回归方程的设定都是可以接受的。

回归方程1′的结果表明，沟通、供应商信任、供应商依赖3个变量的回归系数均为正，且分别在0.01、0.001和0.001显著水平下显著。这表明，沟通、供应商信任、供应商依赖对供应商适应行为具有显著正向影响，证实了本书第四章的理论分析和第五章提出的研究假设。

回归方程2结果表明，沟通、供应商信任、供应商依赖3个变量的回归系数均为正，且均在0.001显著水平下显著。这表明，沟通、供应商信任、供应商依赖对供应商形成对制造商的承诺具有显著作用，证实了本书第五章的理论分析和研究假设。

回归方程3结果表明，在将沟通、供应商信任、供应商依赖以及供应商承诺4个变量均纳入回归方程后，供应商信任、供应商依赖以及供应商承诺的回归系数为正，且分别在0.001、0.05和0.001显著水平下显著，而沟通变量的回归系数在0.05显著水平下不再显著。与回归方程1′相比，供应商信任和供应商依赖两个变量的回归系数均变小，分别由0.324降为0.269，由0.157降为0.106。在回归方程1′的基础上加入供应商承诺变量后，供应商信任、供应商依赖两个变量的回归系数变小。这表明，供应商承诺在“沟通、供应商信任、供应商依赖对供应商适应行为”中发挥着中介作用。具体而言，供应商承诺在“沟通对供应商适应行为”中发挥着完全中介作用，在“供应商信任、供应商依赖对供应商适应行为”中发挥着部分中介作用。

综合上述3个回归方程的结果，H_{13}、H_{16}、H_{17}得到支持。这表明，制造商和供应商间良好的沟通有助于供应商形成对制造商的承诺，进而促使供应商做出适应行为。供应商对制造商的信任和依赖不仅对供应商适应行为具有显著的正向影响，而且能够激发供应商向制造商做出关系承诺，进而促使供应商做出适应行为，与制造商维持业务关系。

由于当供应商信任、供应商依赖两个变量加入回归方程时，互惠、双方人员间关系两个变量对供应商适应行为的影响作用不显著，考虑将供应商信任、供应商依赖两个变量从回归方程中剔除，检验供应商承诺在“沟通、互惠、双方人员间关系对供应商适应行为”的中介作用。

构建如下 3 个回归方程：

$$SAB=c_1\times COM+c_2\times REC+c_3\times GX+e_1$$

$$SCO=a_1\times COM+a_2\times REC+a_3\times GX+e_2$$

$$SAB=c_1'\times COM+c_2'\times REC+c_3'\times GX+b_1\times SCO+e_3$$

其中，SAB 代表供应商适应行为，COM 代表沟通，REC 代表互惠，GX 代表双方人员间关系；a_1、a_2、a_3分别代表沟通、互惠、双方人员间关系 3 个变量对供应商承诺的回归系数；c_1、c_2、c_3分别代表沟通、互惠、双方人员间关系 3 个变量对供应商适应行为的回归系数；c_1'、c_2'、c_3'、b_1分别代表在沟通、互惠、双方人员间关系、供应商承诺 4 个变量全部纳入回归方程后，各变量的回归系数；e_1、e_2、e_3分别为 3 个回归模型的随机误差项。检验结果如表 6-9 所示。

表 6-9 供应商承诺变量的中介效应检验（剔除供应商信任、供应商依赖）

	因变量	自变量	标准化系数	T 值	P 值	VIF	调整后 R^2	F 值
回归方程 1	SAB	COM	0.199	4.359	0.000	1.019	0.071	12.674***
		REC	0.130	2.823	0.005	1.034		
		GX	0.095	2.053	0.041	1.048		
回归方程 2	SCO	COM	0.314	7.435	0.000	1.019	0.202	39.318***
		REC	0.185	4.339	0.000	1.034		
		GX	0.196	4.570	0.000	1.048		

续表

	因变量	自变量	标准化系数	T 值	P 值	VIF	调整后 R^2	F 值
回归方程 3	SAB	COM	0.103	2.221	0.027	1.143	0.144	20.079***
		REC	0.073	1.630	0.104	1.077		
		GX	0.035	0.776	0.438	1.097		
		SCO	0.305	6.252	0.000	1.261		

注：说明同表 6-6。

在分析回归结果之前，先对变量之间的多重共线性进行检验，以判断变量间是否存在多重共线性问题。由表 6-9 可知，在 3 个回归方程中，各变量的 VIF 介于 1 和 1.3 之间，远低于 10。因此，可以认为自变量间不存在严重的多重共线性问题。3 个回归方程的 F 统计量相伴概率值均小于 0.001，表明自变量与因变量之间存在线性回归关系，3 个回归方程的设定都是可以接受的。

回归方程 1 结果表明，沟通、互惠、双方人员间关系 3 个变量的回归系数均为正，且分别在 0.001、0.01 和 0.05 显著水平下显著。这表明，沟通、互惠、双方人员间关系对供应商适应行为具有显著正向影响，证实了本书第四章的理论分析。

回归方程 2 结果表明，沟通、互惠、双方人员间关系 3 个变量的回归系数均为正，且均在 0.001 显著水平下显著。这表明，沟通、互惠、双方人员间关系对供应商向制造商做出承诺具有显著作用，证实了本书第五章的理论分析和研究假设。

回归方程 3 结果表明，在将沟通、互惠、双方人员间关系以及供应商承诺 4 个变量均纳入回归方程后，沟通、供应商承诺的回归系数为正，且分别在 0.05 和 0.001 显著水平下显著，而互惠、双方人员间关系两变量的回归系数在 0.05 显著水平下不再显著。与回归方程 1 相比，沟通变量的回归系数变小，由 0.199 降为 0.103，即在回归方程 1

的基础上加入供应商承诺变量后，沟通变量的回归系数变小。这表明，供应商承诺在“沟通、互惠、双方人员间关系对供应商适应行为”中发挥着中介作用。具体而言，供应商承诺在“互惠、双方人员间关系对供应商适应行为”中发挥着完全中介作用，在“沟通对供应商适应行为”中具有部分中介作用。

综合上述3个回归方程的结果，H_{14}、H_{15}得到支持。这表明，制造商和供应商坚持互惠原则以及双方人员间良好的私人关系有助于供应商向制造商做出承诺，进而促使供应商做出适应行为。

综上，17个研究假设仅1个假设未通过检验，其余16个假设均得到验证。研究假设检验结果如表6-10所示。

表6-10 研究假设检验结果汇总

编号	研究假设	假设检验结果
H_1	供应商能力对供应商适应行为具有正向作用	通过
H_2	供应商高层管理者的支持对供应商适应行为具有正向影响	通过
H_3	制造商需求不确定性对供应商适应行为具有正向影响	通过
H_4	制造商长期导向对供应商适应行为具有正向影响	通过
H_5	供应商信任对供应商适应行为具有正向影响	通过
H_6	供应商依赖对供应商适应行为具有正向影响	通过
H_7	供应商承诺对供应商适应行为具有正向影响	通过
H_8	竞争强度对供应商适应行为具有正向影响	通过
H_9	技术不确定性对供应商适应行为具有正向影响	未通过
H_{10}	沟通通过供应商信任，对供应商适应行为具有正向影响	通过
H_{11}	互惠通过供应商信任，对供应商适应行为具有正向影响	通过
H_{12}	双方人员间关系通过供应商信任，对供应商适应行为具有正向影响	通过
H_{13}	沟通通过供应商承诺，对供应商适应行为具有正向影响	通过
H_{14}	互惠通过供应商承诺，对供应商适应行为具有正向影响	通过

续表

编号	研究假设	假设检验结果
H_{15}	双方人员间关系通过供应商承诺，对供应商适应行为具有正向影响	通过
H_{16}	供应商信任通过供应商承诺，对供应商适应行为具有正向影响	通过
H_{17}	供应商依赖通过供应商承诺，对供应商适应行为具有正向影响	通过

6.5 结果讨论

实证结果表明，供应商、制造商、关系以及环境4个层面的因素对供应商适应行为具有正向影响，促使供应商向制造商做出适应行为。因此，供应商适应行为的影响因素来自多个层面，是多层面因素共同作用的结果。

首先，供应商能力和供应商高层管理者的支持保障供应商能够做出适应行为。供应商在产品、生产计划以及人员等方面做出适应行为，不仅需要供应商具有满足制造商需求的意愿，也需要供应商具备某种素质和条件，从而为供应商重新配置资源进而满足制造商需求奠定基础。通过满足制造商需求，进而为供应商赢得收益，在市场竞争中处于更有利的位置。在此，供应商具备的素质和条件是指供应商能力和供应商高层管理者的支持。供应商具备的能够满足制造商需求的能力为其做出适应性变化奠定了基础。供应商具备的生产能力、技术能力保证其能够通过合理调整生产工艺、改进生产技术，为制造商提供所需的原材料、零部件等生产要素，支持制造商开展运营活动。同时，供应商具备的创新能力，使其能够参与制造商新产品开发以及生产工艺改进等运营战略活动，向制造商提供专业知识、技术等资源，帮助制造商提高运营战略活动的效率和效果。供应商高层管理者对供应链管理活动的支持有助于供应商与制造商建立和维持业务关系，推动制造商和供应商双方开展战略合作。供应商高层管理者的支持将激发供应商向双方关系中投入战略资源，支持制造商开展运营活动，并参与制造商新产品开发、改进等运营战略活动，共同确定新产品设计方案，并对制造商改进生产工艺提出建议。学者已经认识到，供应商适应行为受到来自供应商层面因素的影响。已有研究表明，供应商对制造商秉持的管理导向推动前者做出适应行为[4,6]。供应商管理导向代表一种管理理念，表示供应商对关系营销的偏好以及对业务开发的努力程度。当供应商对特定制造商秉持过渡型和伙伴型管理导向时，与交易型管理导向相比，供应商有意愿在更广方面、更深程度上做出适应行为。研究发现，供应商能力和供应商高层管理者的支持也是供应商适应行为的影响因素。这表明，供应商不仅在管理导向的指导下做出适应行为，当某些保障条件具备时，也将向制造商做出适应行为。换言之，供应商如果具备能够充分满足制造商需求的能力，或得到高层管理者的支持，便能够为做出适应行为提供现实可能性。因此，在从供应商层面考察供应商做出适应行为的原因时，不仅要考虑供应商对制造商所秉持的管理导向，以分析供应商是否有意愿向制造商做出适应行为。同时，也需要关注供应商是否具备满足制造商需求的条件。这些条件包括供应商所具备的满足制造商需求的能力，以及得到高层管理者的支持。供应商具备的能力以及得到高层管理者的支持为供应商做出适应行为奠定了基础，是在供应商具备满足制造商需求意愿的条件下，需要考虑的问题。

其次，制造商需求不确定性和制造商长期导向激发供应商做出适应行为。制造商对供应商的需求具有不确定性，制造商需求的变化对供应商提出了新要求。供应商需要根据制造商需求的变化，在行为上进行相应调整，以能够继续支持制造商开展运营活动。供应商在行为上的调整主要表现为，根据制造商需求，对自身资源进行重新配置，在交换要素和交换过程方面做出适应性变化，调整生产工艺，采用适当的生产技术，调整生产计划，为制造商提供技术服务。更为重要的是，当制造商需要供应商参与新产品开发以及生产工艺改进时，供应商需要投入专业技术、知识等资源，和制造商共同确定新产品设计方案，设计零部件，为提高新产品创新性以及加快新产品上市速度做贡献，并就改进生产工艺提出建议。通过整合双方资源，提高运营战略活动的效率和效果。因此，制造商需求及其变化成为供应商适应行为的推动力，是供应商适应行为的出发点和落脚点。能否有效满足制造商需求成为检验供应商行为是否有效的主要标准。制造商对供应商所秉持的长期导向表明，前者致力于和供应商建立长期业务关系，希望通过维持双方业务关系，为双方赢得更高收益。维持双方业务关系的期望需要双方在关系中投入资源，需要供应商对制造商有效开展运营活动提供支持。为此，供应商将通过做出适应行为，为制造商提供原材料、零部件等生产要素，同时参与制造商的新产品开发、生产工艺改进等运营战略活动，通过双方共同努力，满足最终客户需求，并为制造商和供应商双方赢得收益。学者已经发现，供应商适应行为不仅是在供应商层面因素影响下做出的，也受到制造商层面因素的影响。已有研究表明，制造商对供应商所持管理导向激发后者做出适应行为[4]。制造商管理导向代表制造商支持特定供应商的程度，以及与后者建立紧密合作伙伴关系的偏好。研究发现，除了制造商对供应商所持管理导向外，制造商需求不确定性和制造商长期导向也是驱动供应商适应行为的因素。供应商适应行为旨在满足制造商特定需求，制造商需求不确定性从行为目的角度揭示了供应商适应行为的原因，强调供应商做出适应行为是为了应对制造商需求不确定性，是为了将供应商提供的生产要素和制造商需求相匹配而开展的管理活动。与管理导向相比，制造商长期导向突出强调，制造商期望和供应商建立长期业务关系，希望双方围绕业务开展合作，在双方长期合作过程中为双方带来高于短期业务关系的收益。供应商做出适应行为成为双方长期业务关系得以维系的必要条件。供应商适应行为支持和拓展了双方业务活动，为双方进一步合作奠定了基础，使双方业务关系的维持成为可能。

再次，供应商信任、供应商依赖和供应商承诺对供应商适应行为具有显著的正向影响。供应商信任某制造商表明，前者认为后者是可靠的、善意的，行为是可预测的，并将保持一致，不会做出机会主义行为。此时，供应商认为，与该制造商进行业务活动不会危害自身利益，而会增加自身收益。因此，供应商有信心与后者进行业务往来，通过做出适应行为，满足制造商需求，在双方建立业务关系。供应商依赖某制造商表明，前者只有通过与后者保持业务关系才能实现自身经营目标。做出适应行为成为供应商保证自身生存和发展、维护自身利益的策略。供应商对某制造商做出承诺表明，前者具有维持业务关系的强烈愿望，希望通过延续双方业务关系，为双方赢得更高收益。供应商与该制造商维持业务关系的愿望越强烈，越可能通过做出适应行为表达这种愿望。因此，供应商做出适应行为是其维持双方业务关系愿望的外在体现。学者在研究供应商适应行为的影响因素问题时，运用案例法、访谈法等，从关系层面提取因素，并运用统计方法检验因素的影响作用。关于供应商信任对供应商适应行为的影响，研究结论与 Brennan 和 Turnbull[6]一致，与 Mukherji 和 Francis[15]相反。这表明，在制造商—供应商二元关系中，供应商建立对制造商的信任是双方建立业务关系的重要前提。供应商在感知到制造商的可靠性和善意有保障时，将通过做出适应行为，和制造商进行经济交换。Mukherji 和 Francis[15]的研究表明，供应商对制造商的信任对供应商适应行为具有负向作用，且这一研究结论仅在特定情境下成立。一般而言，供应商对制造商的信任是供应商适应行为的重要影响因素，是供应商与制造商建立业务关系的前提。关于供应商依赖对供应商适应行为的影响，研究结论与 Mukherji 和 Francis[15]一致。随着供应商对特定制造商依赖程度的增加，供应商只有通过做出适应行为满足制造商需求，才能够与制造商维持业务关系，实现自身经营目标，在市场上为自身赢得生存和发展空间。关于供应商承诺对供应商适应行为的影响，研究结论与 Brennan 和 Turnbull[6]一致。这表明，在我国，社会资本理论能够有效解释供应商做出适应行为的原因。供应商对制造商做出的关系承诺是一种社会资本，能够对供应商行为产生影响，表现为供应商组织自身资源，在产品、生产工艺、生产技术以及人员等方面做出合理调整，支持制造商开展运营活动。

最后，竞争强度驱动供应商向制造商做出适应行为。日益激烈的全球化竞争促使供应商采取有效的竞争手段，保证自身扩大市场份额，提升市场竞争力。供应商秉持市场导向，持续向制造商做出适应行为是供应商可采取的一种竞争策略。通过比竞争对手更有效地满足制造商需求、支持制造商开展运营活动，供应商能够维持与制造商的业务关系，培养制造商忠诚，从而扩大市场份额，拓展发展空间。学者已经认识到，供应商行为嵌入环境中，供应商适应行为的影响因素也来自环境层面[45]，但却未从中提取管理变量展开研究。后续有必要将环境层面因素纳入分析框架，从环境视角考察供应商做出适应行为的原因。通过理论分析，从环境层面提取管理变量，并通过实证研究方法检验环境层面因素对供应商适应行为的影响作用。研究表明，竞争强度对供应商适应行为具有正向影响。这表明，供应商适应行为的影响因素不仅来自供应商、制造商以及关系3个层面，也来自环境层面。通过考虑环境层面因素，有助于从多视角、多角度认识供应商适应行为的原因，建立对供应商适应行为影响因素的整体认识。

实证结果显示，供应商信任和供应商承诺两个变量具有中介作用。具体而言，首先，沟通、互惠以及双方人员间关系3个变量通过供应商信任，对供应商适应行为产生正向影响。沟通有助于供应商了解制造商需求，明确制造商开展运营活动需要从供应商获得的资源。而且，沟通有助于双方保持目标一致，协调双方战略目标和政策，建立共同信念和感知，也有助于供应商对制造商的可靠性和善意作出判断，从而为供应商建立对制造商的信任奠定基础。进而，供应商通过做出适应行为与制造商建立业务关系，在为制造商创造价值的同时，也为自身带来收益。制造商和供应商双方在业务关系中坚持互惠规范，表明双方相互给予对方帮助，共担风险，共享收益，自身受益不以损害对方利益为代价，供应商由此建立对制造商的信任，从而有意愿通过做出适应行为，支持制造商开展运营活动。企业间个人层面的关系将对企业层面间关系产生影响。制造商和供应商双方人员间关系有助于供应商感知特定制造商的可靠性和善意，从而建立对制造商整体的信任感，因而有意愿向该制造商做出适应行为，满足该制造商需求。其次，沟通、互惠、双方人员间关系、供应商信任以及供应商依赖5个变量通过供应商承诺，对供应商适应行为产生正向影响。良好、及时的沟通不仅能够保证制造商和供应商双方保持战略目标一致，也是一种有效的关系治理机制。经常、正式的沟通有助于制造商和供应商双方在友好协商的基础上，取得解决问题的方案，消除分歧，取得对双方关系中问题的一致认识。供应商由此感受到双方关系是有价值的，是值得延续下去的，从而产生对制造商的承诺，并通过做出适应行为表达维持双方业务关系的意愿。制造商和供应商双方在业务往来中坚持互惠规范，为双方业务关系的延续奠定了坚实基础。供应商认识到，与特定制造商维持业务关系是值得的，是有价值的，因而有意愿与特定制造商维持业务关系，并通过做出适应行为，为双方业务关系的延续做好准备。制造商和供应商双方人员间关系将对双方企业间关系产生影响。具体表现为，双方人员间良好的私人关系促使供应商建立对制造商整体的信任感，有意愿与后者维持业务关系，进而做出适应行为，与制造商继续进行业务往来。供应商对制造商的信任反映了双方关系的社会性，表明双方关系质量良好，处于融洽的关系氛围中，供应商因而坚定信念，继续与制造商进行业务往来，通过做出适应行为，表达维持双方业务关系的愿望。供应商对制造商的依赖反映了双方关系的经济性，供应商出于经济上对制造商的诉求，希望通过与后者保持业务关系，以持续获得经济利益。由此，供应商将做出适应行为，与制造商维持业务关系，从而从双方关系中持续获得收益。学者已经认识到沟通、互惠、供应商信任、供应商依赖以及供应商承诺5个因素具有影响作用，却未进一步探索这5个因素的作用机理。社会资本理论认为，制造商和供应商双方人员间关系对供应商适应行为具有影响作用。在已有研究提取的上述5个因素的基础上，加入双方人员间关系，考察这6个因素在促使供应商做出适应行为过程中所起到的作用，探索这6个因素的作用机理，进一步揭示供应商适应行为的源起。

实证检验结果表明，技术不确定性对供应商适应行为并无显著影响。可能的原因是，技术不确定性增强了制造商和供应商合作的意愿，增加了制造商对供应商的需求，但并非必然会促使供应商做出适应行为，参与制造商新产品开发、生产工艺改进等运营战略活动，向制造商投入专业知识、技术以及创新能力等资源。这是因为，技术不确定代表一种情境，为制造商和供应商开展合作提供了一种可能。双方合作的开展不仅取决于制造商方面的因素（如制造商的意愿），也取决于供应商方面的因素。供应商方面的因素包括供应商能力和供应商意愿等。供应商在收到制造商的合作邀请时，需要考虑多方面因素，以决定是否与制造商开展合作。供应商需考虑的因素包括：该制造商的可信程度，和该制造商合作的成本和收益，该制造商是否会开展供应商开发活动，以帮助供应商提高运营绩效等。如果供应商认为，该制造商不可信，或者是和该制造商开展合作的收益小于成本，或制造商无意开展供应商开发活动，供应商将可能不会和制造商合作，因此也不会向制造商做出适应行为。总之，当制造商面临技术不确定性时，供应商并非必然向制造商做出适应行为，为制造商投入实物以及人力等资源。制造商需要采取管理策略，以激励供应商为制造商运营活动做贡献的积极性，推动双方合作。

6.6 本章小结

本章对第五章提出的概念模型进行拟合分析，并对研究假设进行假设检验。概念模型中各构念的测量量表信度和效度良好，表明通过大样本调查所获数据质量良好，可以用于下一步的实证检验和分析。整体结构模型各项适配度指标均在理想范围内，与实际数据可以拟合。除 H_9 外，其他假设均通过检验，这表明第五章进行的理论分析和提出的研究假设较符合企业实际。最后，对 H_9 未通过的原因给出理论解释。

7 结论与展望

本部分为本书的总结性章节，阐述主要研究结论，表达主要创新点，提出管理建议，分析不足之处，并提出可能的进一步研究方向。

7.1 主要研究结论

本书以制造商—供应商二元关系为研究情境，考察供应商适应行为构念的内容结构及测量，探索供应商适应行为的影响因素，并分析因素的作用机理。以我国制造类企业为研究对象，通过大样本调查获取数据，运用 AMOS 软件对整体结构模型进行拟合分析，并检验因素对供应商适应行为的直接影响效应。运用 SPSS 软件，检验供应商信任和供应商承诺两个变量的中介作用。

本书的主要研究结论如下。

供应商适应行为包括 5 个维度，分别为生产适应行为、交货适应行为、技术适应行为、产品适应行为和运营战略适应行为。生产适应行为是指，供应商为了向制造商交付原材料、零部件等生产要素，对生产过程进行合理筹划，包括调整生产能力、生产技术以及生产计划等。交货适应行为是指，供应商在生产出产品后，在向制造商交付产品的过程中所做出的适应行为，包括为制造商提供数量折扣、按照制造商规定的交货期交货等。技术适应行为是指，供应商为了保证制造商有效加工或装配提供的原材料、零部件等生产要素，为制造商提供技术支持，包括供应商为制造商提供产品使用方面的建议等。产品适应行为是指，供应商在产品方面所做出的适应行为，包括调整产品规格、产品特性以及为制造商提供专用性产品。运营战略适应行为是指，供应商参与制造商运营战略的制定和实施，包括参与制造商新产品开发、生产工艺改进以及长期生产能力计划制定等，为制造商贡献专业知识和技术，帮助制造商提高运营战略的效率和效果。供应商在产品、生产过程、交货和技术等方面所做出的适应行为通常是在制造商运营战略已制定的情况下做出的，服务于制造商日常运营活动的有效开展，属于操作层面的适应行为。而运营战略适应行为则是供应商参与制造商运营战略的制定和实施，致力于提高制造商运营战略活动的效率和效果，属于战略层面的适应行为。经检验，开发的供应商适应行为构念测量量表具有良好的信度和效度，为相关领域研究提供了有效的操作化工具。

供应商适应行为的影响因素来自供应商、制造商、关系和环境 4 个层面，供应商适应行为是多层面中因素共同作用的结果。同时，因素间存在影响关系，在促使供应商做出适应行为过程中发挥着不同的作用。首先，供应商层面的影响因素包括供应商能力和供应商高层管理者的支持，这两个因素均对供应商适应行为具有正向作用。供应商能力保证供应商具备充分的实力能够有效满足制造商需求；供应商高层管理者的有力支持有助于供应商向制造商做出资源承诺，推动供应商做出适应性变化，与制造商开展战略合作。其次，制造商层面的影响因素包括制造商需求不确定性和制造商长期导向，两个因素均促使供应商做出适应行为。制造商需求不确定性是供应商做出适应行为的推动力，是供应商适应行为的出发点和落脚点；制造商长期导向激励供应商与制造商建立合作伙伴关系，做出适应行为成为双方合作伙伴关系得以建立的必要条件。再次，关系层面的影响因素包括供应商信任、供应商承诺、供应商依赖、沟通、互惠和双方人员间关系。供应商信任、供应商依赖和供应商承诺对供应商适应行为具有直接的正向影响。供应商对制造商的信任坚定了供应商与制造商进行业务往来的信心，供应商因而有意愿通过做出适应行为，与制造商建立业务关系。供应商对制造商的依赖表明，供应商对制造商具有经济利益上的诉求，只有通过做出适应行为以满足制造商需求，供应商才能够实现自身经营目标，为自身赢得生存和发展空间。供应商对制造商的承诺表征供应商与制造商维持业务关系的意愿，供应商做出适应行为是这种意愿的外在表现，因而被称为行为承诺。沟通、互惠以及双方人员间关系 3 个变量通过供应商信任，对供应商适应行为具有正向影响。同时，沟通、互惠、双方人员间关系、供应商信任以及供应商依赖 5 个变量通过供应商承诺，对供应商适应行为具有正向影响。供应商信任在沟通、互惠以及双方人员间关系 3 个变量对供应商适应行为产生影响的过程中具有中介作用。供应商承诺在沟通、互惠、双方人员间关系、供应商信任以及供应商依赖 5 个变量对供应商适应行为产生影响的过程中具有中介作用。最后，在环境层面的影响因素中，竞争强度对供应商适应行为具有正向影响，是供应商做出适应行为的外部推动力，也是供应商应对市场竞争的策略。然而，技术不确定性对供应商适应行为无显著影响，这表明技术不确定性并非必然激发供应商做出适应行为。此时，供应商需要考虑制造商的可信性、合作的成本和效益等因素。

7.2 主要创新点

本书的研究与已有研究相比，主要创新点表现在以下 3 个方面。

一是厘清了供应商适应行为的内容结构，构建了一套信度和效度良好的供应商适应行为构念测量量表，为供应商适应行为的影响因素实证研究提供了可操作化工具。学者虽然已经认识到供应商适应行为具有多方面的表现，却未针对供应商适应行为的内容结构展开专门研究，目前缺少一套有效的供应商适应行为构念测量量表。本书采用归纳法，对供应商适应行为的内容结构进行专门研究。通过文献研究、企业访谈和预测试，构建供应商适应行为构念的正式测量量表。运用探索性因子分析法，得出供应商适应行为构念的 5 个维度，运用验证性因子分析法对因子结构进行验证，并检验量表的信度和效度。在已有研究的基础上，研究结论揭示了供应商适应行为的内容结构，明确了供应商适应行为的维度，为后续供应商适应行为的影响因素实证研究提供了有效工具。

二是构建了供应商适应行为的影响因素分析框架，通过理论分析和企业访谈，对供应商适应行为的影响因素进行探索。学者围绕供应商适应行为的影响因素问题已展开研究，得出一些因素。然而，学者并未明确指出供应商适应行为的影响因素包括哪些层面，应该从哪些层面提取因素。本书以交易观和关系观为理论基础，构建供应商适应行为的影响因素分析框架，将供应商适应行为的影响因素分为供应商、制造商、关系和环境 4 个层面。通过理论分析从这 4 个层面提取新因素，通过企业访谈对理论分析所得因素进行验证，并补充新因素。在已有研究的基础上，进一步探索供应商适应行为的影响因素，揭示供应商适应行为的源起。

三是检验了获取的因素对供应商适应行为的影响，探索了因素的作用机理。本书运用理论分析和企业访谈获取的因素，通过理论分析，构建供应商适应行为的影响因素概念模型，提出研究假设。运用 AMOS 软件，对整体结构模型进行拟合分析和假设检验，并运用 SPSS 软件对供应商信任和供应商承诺两个变量的中介效应进行检验，探索因素间影响关系。在已有研究的基础上，从多视角、多层面认识了供应商适应行为的影响因素，明确了各因素在促使供应商做出适应行为的过程中起到的作用，进一步解释了供应商做出适应行为的原因，推进了供应商适应行为管理机制研究。

7.3 管理建议

本书为制造商开展供应商适应行为管理活动提出如下建议。

一是根据供应商做出适应行为的情况，建立供应商评价指标体系，对供应商进行分类管理。研究表明，供应商适应行为具有多方面的表现，涵盖产品、生产、技术、交货以及运营战略 5 个方面。制造商在开展供应商适应行为管理活动时，可根据各供应商做出适应行为的广度和深度，建立一套供应商评价指标体系。在此基础上，采取有针对性的管理策略，对供应商进行分类管理。具体而言，制造商根据各供应商在产品、生产、技术、交货等方面做出的适应行为以及对制造商运营战略的支持程度，建立基于供应商适应行为状况的供应商评价指标体系，进而采取响应的管理措施。对于那些在更广方面、更深程度上对制造商做出适应行为的供应商，制造商应加强与其互动，注重向这类供应商投入资源，开展供应商开发等活动，帮助这类供应商提高经营绩效，提升市场竞争力。对于那些对制造商适应程度较低的供应商，制造商应采取适当的激励措施，如增加订单量等，激励这类供应商在更广方面、更深程度上做出适应行为，为制造商提高运营绩效贡献更多的知识、技术等资源，帮助制造商提高运营绩效。

二是从多层面认识供应商适应行为的影响因素。研究表明，供应商适应行为的影响因素包括供应商、制造商、关系以及环境 4 个层面。存在于这 4 个层面的因素均对供应商适应行为具有显著的正向影响。因此，在探索供应商适应行为的影响因素时，应从多层面入手，不能仅仅考虑单个层面的因素。具体而言，制造商在开展供应商适应行为管理活动时，可从供应商、制造商、关系以及环境 4 个层面入手，建立供应商适应行为的影响因素分析框架。在展开分析时，首先，考察供应商层面中的供应商能力和供应商高层管理者的支持两个因素，判断供应商是否具备充分的能力以及必要的高层管理者的支持，以判断供应商是否有能力、有条件做出适应行为。其次，考虑制造商层面中的制造商需求不确定性和制造商长期导向两个因素。判断制造商需求是否具有重大变化，以分析供应商是否需要做出关系专用性投资，做出正式适应行为；分析制造商是否对供应商秉持长期导向，以判断供应商是否会为延续双方业务关系而在关系中投入资源，做出适应行为，致力于实现双方运营方式的匹配。再次，关注存在于制造商和供应商双方关系中的因素，包括供应商信任、供应商依赖、供应商承诺、沟通、互惠以及双方人员间关系。把握这 5 个因素的现状，力求让供应商信任制造商，对制造商具有经济依赖，并建立关系承诺，及时和供应商沟通制造商需求，在双方关系中坚持互惠互利原则，并努力在双方人员间建立良好的私人关系，以求建立良好的关系氛围，提高双方关系质量，促使供应商做出适应行为。最后，及时关注供应商间的竞争情况以及行业内的技术变化。供应商间竞争强度是促成供应商适应行为的外部推动力。制造商应密切关注供应商间的竞争动态，为自身与供应商谈判时赢得主动，促使供应商在更大程度、更广方面做出适应行为。同时，制造商在行业内技术发生巨大变化时，应对供应商采取必要的激励措施，例如开展供应商开发、增加对供应商的订单，以激励供应商主动参与制造商新产品开发等运营战略活动，贡献专业知识和技术等稀缺资源，帮助制造商增强新产品创新性，缩短新产品开发周期，提高新产品上市速度。

三是与供应商进行充分、及时的沟通，在业务往来中坚持互惠规范，并在双方人员间建立良好的私人关系，以取信于供应商，促使供应商做出适应行为。研究表明，当供应商信任制造商时，供应商将会向制造商做出适应行为，与制造商建立业务关系。同时，沟通、互惠以及双方人员间关系 3 个变量有助于供应商建立对制造商的信任，进而促使供应商做出适应行为。因此，首先，制造商应重视与供应商建立正式沟通机制，就双方关系中存在的问题及时交换看法，消除分歧，让供应商感知到制造商的可靠性和善意，进而取信于供应商，激发供应商做出适应行为。其次，制造商在与供应商进行业务往来时，应坚持互惠互利原则，在为自身赢得利益的同时，也要注重保护供应商利益，以取信于供应商，进而激励供应商做出适应行为，为制造商开展运营活动提供支持。最后，制造商应重视双方人员间的私人关系，努力在双方人员建立良好的私人关系，培养和维护人际信任，进而将这种人际信任转化为企业信任，让供应商信任制造商，进而做出适应行为。

四是与供应商进行充分、及时的沟通，在业务往来中坚持互惠规范，并在双方人员间建立良好的私人关系，取信于供应商，增强供应商依赖，以促使供应商做出关系承诺，进而激发供应商做出适应行为。研究表明，当供应商对制造商做出关系承诺时，供应商有意愿与制造商延续业务关系，因而将做出适应行为，表达维持双方业务关系的意愿。因此，制造商应努力激发供应商做出关系承诺。研究显示，沟通、互惠、双方人员间关系、供应商信任以及供应商依赖 5 个变量对供应商承诺具有显著的正向影响。因此，首先，制造商应注重与供应商加强沟通，及时解决双方关系中存在的问题，增强供应商维持双方业务关系的意愿。其次，制造商在与供应商进行业务往来时，应坚持互惠规范，相互给予帮助，激发供应商做出关系承诺。再次，制造商应重视与供应商建立良好的个人层面关系，加强双方人员互动，从而对双方企业层面关系产生积极影响，培养供应商维持双方业务关系的意愿。再再次，制造商在与供应商进行业务往来时，应信守诺言，坚持公平交易，以取信于供应商，促使供应商做出关系承诺。最后，制造商应适当增加对供应商的订单量，以增强供应商对制造商的依赖，促使供应商做出关系承诺。

7.4 研究不足与展望

本书的研究具有一定局限性，主要表现在以下 3 个方面。一是从各层面提取的影响因素数量有限。本书运用管理理论，从供应商、制造商、关系和环境 4 个层面共提取 7 个新因素，分析这些因素对供应商适应行为的影响。这些因素有助于在已有研究的基础上进一步解释供应商适应行为的原因。然而，在这 4 个层面是否还存在其他因素，有待于进一步研究。二是因素的作用机理有待于进一步探索。本研究初步分析并检验因素的作用机理，但因素间可能存在更为复杂的影响关系，一些因素可能发挥着调节作用。三是本书旨在探寻不同行业中供应商适应行为的内容结构以及影响因素的共性。在收集数据时，涵盖专用设备制造业、通用设备制造业、通信设备制造业和交通运输设备制造业，未针对某个特定行业展开研究。某个特定行业可能具有不同于其他行业的特点，具有某些独特性。

因此，在下一步的研究中，可从供应商、制造商、关系和环境 4 个层面入手，继续探索影响供应商做出适应行为的因素，并分析这些因素的作用机理，并针对某个特定制造业（如汽车业）展开研究，以得出更多有益结论，推进供应商适应行为管理机制研究，为制造商有效开展供应商适应行为管理活动进一步提供理论借鉴。

参考文献

[1] WAGNER S M, BODE C, KOZIOL P. Supplier default dependencies: empirical evidence from the automotive industry [J]. European Journal of operational research, 2009, 199 (1): 150-161.

[2] SO S, SUN H. Supplier integration strategy for lean manufacturing adoption in electronic - enabled supply chains [J]. Supply chain management: an international journal, 2010, 15 (6): 474-487.

[3] LOCKSTRÖ M, SCHADEL J, HARRISON N, ET AL. Antecedents to supplier integration in the automotive industry: a multiple-case study of foreign subsidiaries in China [J]. Journal of operations management, 2010, 28 (3): 240-256.

[4] BRENNAN D R, TURNBULL P W, WILSON D T. Dyadic adaptation in business-to-business markets [J]. European Journal of Marketing, 2003, 37 (11/12): 1636-1665.

[5] ANON. Hagberg - andersson does adaptation pay off? [J]. Industrial marketing management, 2006, 35 (2): 202-209.

[6] BRENNAN R, TURNBULL P W. Adaptive behavior in buyer-supplier relationships [J]. Industrial marketing management, 1999, 28 (5): 481-495.

[7] BLOME C, SCHOENHERR T, REXHAUSEN D. Antecedents and enablers of supply chain agility and its effect on performance: A dynamic capabilities perspective [J]. International journal of production research, 2013, 51 (4): 1295-1318.

[8] GLIGOR D M, HOLCOMB M C. Understanding the role of logistics capabilities in achieving supply chain agility: a systematic literature review [J]. Supply chain management: an international journal, 2012, 17 (4): 438-453.

[9] KNOPPEN D, CHRISTIAANSE E, HUYSMAN M. Supply chain relationships:

exploring the linkage between inter-organisational adaptation and learning [J]. Journal of purchasing and supply management, 2010, 16 (3): 195-205.

[10] HåKANSSON H. International marketing and purchasing of industrial goods: an interaction approach [M]. Chichester and New York: Wiley, 1982.

[11] SCHMIDT S O, TYLER K, BRENNAN R. Adaptation in inter-firm relationships: classification, motivation, calculation [J]. Journal of services marketing, 2007, 21 (7): 530-537.

[12] WALTER A, RITTER T. The influence of adaptations, trust, and commitment on value-creating functions of customer relationships [J]. Journal of business & industrial marketing, 2003, 18 (4/5): 353-365.

[13] HALLéN L, JOHANSON J, SEYED-MOHAMED N. Interfirm adaptation in business relationships [J]. Journal of marketing, 1991, 55 (2): 29-37.

[14] FANG T. Culture as a driving force for interfirm adaptation: a Chinese case [J]. Industrial marketing management, 2001, 30 (1): 51-63.

[15] MUKHERJI A, FRANCIS J. Mutual adaptation in buyer-supplier relationships [J]. Journal of business research, 2008, 61 (2): 154-161.

[16] GADDE L E, HJELMGREN D, SKARP F. Interactive resource development in new business relationships [J]. Journal of business research, 2012, 65 (2): 210-217.

[17] 刘芳，刘洪，王成城．基于生命周期的组织适应能力研究 [J]．经济理论与经济管理，2009，29 (2)：72-75.

[18] 余宇新，郭蓉．我国中小企业市场适应能力地区差异的实证研究 [J]．科技进步与对策，2012，29 (4)：85-88.

[19] 张钢，岑杰．组织适应理论扩展——组织时间适应研究探析 [J]．外国经济与管理，2012，34 (8)：43-49.

[20] 吕鸿江．企业如何设计商业模式适应环境？——CAS 视角的理论框架 [J]．外国经济与管理，2015，37 (12)：16-30.

[21] 王玲玲，赵文红．创业资源获取、适应能力对新企业绩效的影响研究 [J]．研究与发展管理，2017，29 (3)：1-12.

[22] YILMAZ C, SEZEN B, OZDEMIR O. Joint and interactive effects of trust and (inter) dependence on relational behaviors in long-term channel dyads [J]. Industrial marketing management, 2005, 34 (3): 235-248.

[23] JAHRE M, FABBE-COSTES N. Adaptation and adaptability in logistics networks [J]. International journal of logistics: research and applications, 2005, 8 (2): 143-157.

[24] HSIEH Y, CHIU H, HSU Y. Supplier market orientation and accommodation of the customer in different relationship phases [J]. Industrial marketing management, 2008, 37 (4): 380-393.

[25] POWERS T L, REAGAN W R. Factors influencing successful buyer-seller relationships [J]. Journal of business research, 2007, 60 (12): 1234-1242.

[26] CANIëLS M C J, GELDERMAN C J. The safeguarding effect of governance mechanisms in inter-firm exchange: the decisive role of mutual opportunism [J]. British journal of management, 2010, 21 (1): 239-254.

[27] SAMBASIVAN M, SIEW-PHAIK L, ABIDINMOHAMED Z, ET AL. Factors influencing strategic alliance outcomes in a manufacturing supply chain: role of alliance motives, interdependence, asset specificity and relational capital [J]. International journal of production economics, 2013, 141 (1): 339-351.

[28] RODEN S, LAWSON B. Developing social capital in buyer-supplier relationships: the contingent effect of relationship-specific adaptations [J]. International journal of production economics, 2014, 151 (5): 89-99.

[29] KANG M P, MAHONEY J T, TAN D. Why firms make unilateral investments specific to other firms: the case of OEM suppliers [J]. Strategic management journal, 2009, 30 (2): 117-135.

[30] CANNING L, HANMER-LLOYD S. Modeling the adaptation process in interactive business relationships [J]. Journal of business & industrial marketing, 2002, 17 (7): 615-636.

[31] RAMPERSAD G, QUESTER P, TROSHANI I. Examining network factors: Commitment, trust, coordination and harmony [J]. Journal of business & industrial

marketing, 2010, 25 (7): 487-500.

[32] NGUYEN T T M, NGUYEN T D. Learning to build quality business relationships in export markets: evidence from vietnamese exporters [J]. Asia pacific business review, 2010, 16 (1-2): 203-220.

[33] JIA F, RUTHERFORD C, LAMMING R. Cultural adaptation and socialisation between western buyers and Chinese suppliers: The formation of a hybrid culture [J]. International business review, 2016, 25 (6): 1246-1261.

[34] CAI S, JUN M, YANG Z. Implementing supply chain information integration in China: the role of institutional forces and trust [J]. Journal of operations management, 2010, 28 (3): 257-268.

[35] MURFIELD M L U, ESPER T L. Supplier adaptation: A qualitative investigation of customer and supplier perspectives [J]. Industrial marketing management, 2016, 59 (11): 96-106.

[36] WILKINSON I F, YOUNG L C. Business dancing: the nature and role of interfirm relations in business strategy [J]. Asia-Australia marketing journal, 1994, 2 (1): 67-79.

[37] AHMAD R, BUTTLE F. Customer retention: A potentially potent marketing management strategy [J]. Journal of strategic marketing, 2001, 9 (1): 29-45.

[38] MOLLER K. Role of competences in creating customer value: A value-creation logic approach [J]. Industrial marketing management, 2006, 35 (8): 913-924.

[39] 陈晓萍, 沈伟. 组织与管理研究的实证方法 [M]. 3 版. 北京: 北京大学出版社, 2018.

[40] 刘军. 管理研究方法: 原理与应用 [M]. 北京: 中国人民大学出版社, 2008.

[41] 李怀祖. 管理研究方法论 [M]. 西安: 西安交通大学出版社, 2017.

[42] LEONIDOU L C, PALIHAWADANA D, CHARI S, ET AL. Drivers and outcomes of importer adaptation in international buyer-seller relationships [J]. Journal of world business, 2011, 46 (4): 527-543.

[43] WILLIAMSON O E. Comparative economic organization: the analysis of discrete

structural alternatives [J]. Administrative science quarterly, 1991, 36 (2): 269-296.

[44] BEVERLAND M. Adapting within relationships to adapt to market-led change: does relationship success lead to marketplace inertia? [J]. Industrial marketing management, 2005, 34 (6): 577-589.

[45] PREFFER J, SALANCIK G. The external control of organizations: A resource dependence perspective [M]. New York: harper & row, 1978.

[46] SCHOENHERR T, SWINK M. The roles of supply chain intelligence and adaptability in new product launch success [J]. Decision sciences, 2015, 46 (5): 901-936.

[47] LETONJA M, JERAJ M, MARLC M. An empirical study of the relationship between entrepreneurial competences and innovativeness of successors in family SMEs [J]. The organ, 2016, 49 (4): 228-239.

[48] LOCKSTRöM M, LEI L. Antecedents to supplier integration in China: A partial least squares analysis [J]. International journal of production economics, 2013, 141 (1): 295-306.

[49] PEROLS J, ZIMMERMANN C, KORTMANN S. On the relationship between supplier integration and time-to-market [J]. Journal of operations management, 2013, 31 (3): 153-167.

[50] SULISTYO H. Siyamtinah. Innovation capability of SMEs through entrepreneurship, marketing capability, relational capital and empowerment [J]. Asia pacific management review, 2016, 21 (4): 196-203.

[51] KIRCHNER S. Linking institutions and firm-level outcomes: the roles of diverse innovative capability profiles in Germany's economy [J]. Innovation: the european journal of social science research, 2016, 29 (4): 462-480.

[52] PRESSEY A D, WINKLHOFER H M, TZOKAS N X. Purchasing practices in small- to medium-sized enterprises: An examination of strategic purchasing adoption, supplier evaluation and supplier capabilities [J]. Journal of purchasing and supply management, 2009, 15 (4): 214-226.

[53] ZHANG M, HARTLEY J L. Guanxi, IT systems, and innovation capability: the

moderating role of proactiveness [J]. Journal of business research, 2018, 90 (9): 75-86.

[54] SRINIVASAN M, MUKHERJEE D, GAUR A S. Buyer-supplier partnership quality and supply chain performance: moderating role of risks, and environmental uncertainty [J]. European management journal, 2011, 29 (4): 260-271.

[55] CUI N, WEN N, XU L, ET AL. Contingent effects of managerialguanxi on new product development success [J]. Journal of business research, 2013, 66 (12): 2522-2528.

[56] YEN D A, BARNES B R, WANG C L. The measurement of guanxi: Introducing the GRX scale [J]. industrial marketing management, 2011, 40 (1): 97-108.

[57] SHAO Z, PAN Z. Building guanxi network in the mobile social platform: A social capital perspective [J]. International journal of information management, 2019, 44 (2): 109-120.

[58] CHEN X, WU J. Do different guanxi types affect capability building differently? A contingency view [J]. Industrial marketing management, 2011, 40 (4): 581-592.

[59] GUO Y, RAMMAL H G, BENSON J, ET AL. Interpersonal relations in China: expatriates´ perspective on the development and use of guanxi [J]. International business review, 2018, 27 (2): 455-464.

[60] CHANG M L, CHENG C F, WU W Y. How buyer-seller relationship quality influences adaptation and innovation by foreign MNCs' subsidiaries [J]. Industrial marketing management, 2012, 41 (7): 1047-1057.

[61] 许德惠，李刚，孙林岩，等．环境不确定性、供应链整合与企业绩效关系的实证研究 [J]. 科研管理，2012，33 (12)：40-49.

[62] 马文聪，朱桂龙．供应商和客户参与技术创新对创新绩效的影响 [J]. 科研管理，2013，34 (2)：19-26.

[63] HARMSEN H, JENSEN B. Identifying the determinants of value creation in the market: A competence-based approach [J]. Journal of business research, 2004, 57 (5): 533-547.

[64] 严子淳，黄磊，刘鑫．供应商关键能力、产业品牌价值与采购商重购意愿 [J]. 管理科学，2016，29 (1)：15-27.

[65] ZHU W, SU S, SHOU Z. Social ties and firm performance: the mediating effect of adaptive capability and supplier opportunism [J]. Journal of business research, 2017, 78 (9): 226-232.

[66] MöLLER K E, TöRRöNEN P. Business suppliers′ value creation potential: A capability-based analysis [J]. Industrial marketing management, 2003, 32 (2): 109-118.

[67] WAGNER S M. Indirect and direct supplier development: performance implications of individual and combined effects [J]. IEEE transactions on engineering management, 2010, 57 (4): 536-546.

[68] MAHAPATRA S K, DAS A, NARASIMHAN R. A contingent theory of supplier management initiatives: effects of competitive intensity and product life cycle [J]. Journal of operations management, 2012, 30 (5): 406-422.

[69] 纪雪洪，陈志祥，孙道银．供应商参与、专用性投资与新产品开发绩效关系研究 [J]. 管理评论，2015，27 (3): 96-104.

[70] JEAN R J B, KIM D, CHIOU J S, ET AL. Strategic orientations, joint learning, and innovation generation in international customer-supplier relationships [J]. International business review, 2018, 27 (4): 838-851.

[71] MITREGA M, FORKMANN S, ZAEFARIAN G, ET AL. Networking capability in supplier relationships and its impact on product innovation and firm performance [J]. International journal of operations & production management, 2017, 37 (5): 577-606.

[72] ZAEFARIAN G, FORKMANN S, MITRęGA M, ET AL. A capability perspective on relationship ending and its impact on product innovation success and firm performance [J]. Long range planning, 2017, 50 (2): 184-199.

[73] SCHIELE H. Accessing supplier innovation by being their preferred customer [J]. Research-technology management, 2012, 55 (1): 44-50.

[74] ZHANG M, ZHAO X, LYLES M. Effects of absorptive capacity, trust and information systems on product innovation [J]. International journal of operations & production management, 2018, 38 (2): 493-512.

[75] NAJAFI TAVANI S, NAJAFI TAVANI Z, NAUDé P, ET AL. How collaborative

innovation networks affect new product performance: product innovation capability, process innovation capability, and absorptive capacity [J]. Industrial marketing management, 2018, 73 (8): 193-205.

[76] ZHANG Y, WEI Y, ZHOU G. Promoting firms' energy-saving behavior: the role of institutional pressures, top management support and financial slack [J]. Energy policy, 2018, 115 (4): 230-238.

[77] VARGAS J R C, MANTILLA C E M, JABBOUR A B. Enablers of sustainable supply chain management and its effect on competitive advantage in the Colombian context [J]. Resources, conservation and recycling, 2018, 139 (9): 237-250.

[78] LIN H F. An investigation into the effects of IS quality and top management support on ERP system usage [J]. Total quality management & business excellence, 2010, 21 (3): 335-349.

[79] LEE J C, SHIUE Y C, CHEN C Y. Examining the impacts of organizational culture and top management support of knowledge sharing on the success of software process improvement [J]. Computers in human behavior, 2016, 54 (1): 462-474.

[80] COLWELL S R, JOSHI A W. Corporate ecological responsiveness: antecedent effects of institutional pressure and top management commitment and their impact on organizational performance [J]. Business strategy & the environment, 2013, 22 (2): 73-91.

[81] ATANASOVA Y, SENN C. Global customer team design: dimensions, determinants, and performance outcomes [J]. Industrial marketing management, 2011, 40 (2): 278-289.

[82] YEN Y X, YEN S Y. Top-management's role in adopting green purchasing standards in high-tech industrial firms [J]. Journal of business research, 2012, 65 (7): 951-959.

[83] JASMI M F A, FERNANDO Y. Drivers of maritime green supply chain management [J]. Sustainable cities and society, 2018, 43 (11): 366-383.

[84] FERNANDO Y, WALTERS T, ISMAIL M N, ET AL. Managing project success using project risk and green supply chain management: A survey of automotive industry [J]. International journal of managing projects in business, 2018, 11 (2): 332-365.

[85] FERNANDO Y, BEE P S, JABBOUR C J C, ET AL. Understanding the effects of energy management practices on renewable energy supply chains: Implications for energy policy in emerging economies [J]. Energy policy, 2018, 118 (7): 418-428.

[86] GATIGNON H, XUEREB J M. Strategic orientation of the firm and new product performance [J]. Journal of marketing research, 1997, 34 (1): 77-90.

[87] GAO G Y, ZHOU K Z, YIM C K B. On what should firms focus in transitional economies? A study of the contingent value of strategic orientations in China [J]. International journal of research in marketing, 2007, 24 (1): 3-15.

[88] 许德惠，李刚，孙林岩．供应链运作风险对企业竞争能力及绩效影响的实证研究 [J]. 科研管理，2013，34 (6): 129-137.

[89] GANESAN S. Determinants of long-term orientation in buyer-seller relationships [J]. Journal of marketing, 1994, 58 (2): 1-19.

[90] ANDERSON E, WEITZ B. The use of pledges to build and sustain commitment in distribution channels [J]. Journal of marketing research, 1992, 29 (1): 18-34.

[91] CANNON J P, DONEY P M, MULLEN M R, ET A L. Building long-term orientation in buyer-supplier relationships: The moderating role of culture [J]. Journal of operations management, 2010, 28 (6): 506-521.

[92] WANG C L, SHI Y, BARNES B R. The role of satisfaction, trust and contractual obligation on long-term orientation [J]. Journal of business research, 2015, 68 (3): 473-479.

[93] WANG C L, LEE G, SHIN G, ET AL. The impact of formal control and guanxi on task conflict in outsourcing relationships in China [J]. Industrial marketing management, 2017, 62 (4): 128-136.

[94] LEE G, SHIN G C, HWANG D W, ET AL. How manufacturers' long-term orientation toward suppliers influences outsourcing performance [J]. Industrial marketing management, 2018, 74 (10): 288-297.

[95] DONEY P M, CANNON J P. An examination of the nature of trust in buyer-seller relationships [J]. Journal of marketing, 1997, 61 (2): 35-51.

[96] SUH T, HOUSTON M B. Distinguishing supplier reputation from trust in buyer-supplier relationships [J]. Industrial marketing management, 2010, 39 (5): 744-751.

[97] BIANCHI C C, SALEH M A. Antecedents of importer relationship performance in Latin America [J]. Journal of business research, 2011, 64 (3): 258-265.

[98] BARNES B R, LEONIDOU L C, SIU N Y M, ET AL. Opportunism as the inhibiting trigger for developing long-term-oriented western exporter-Hong Kong importer relationships [J]. Journal of international marketing, 2010, 18 (2): 35-63.

[99] RASCOVIC M, BRENCIC M, FRANSOO J, ET AL. A model of buyer/supplier relationships in a transnational company: The role of business network context [J]. Economic and business review, 2012, 14 (2): 99-119.

[100] EGGERT A, ULAGA W. Managing customer share in key supplier relationships [J]. Industrial marketing management, 2010, 39 (8): 1346-1355.

[101] JENA S, GUIN K K, DASH S B. Effect of relationship building and constraint-based factors on business buyers' relationship continuity intention: A study on the Indian steel industry [J]. Journal of Indian business research, 2011, 3 (1): 22-42.

[102] HA B C, PARK Y K, CHO S. Suppliers' affective trust and trust in competency in buyers: its effect on collaboration and logistics efficiency [J]. International journal of operations & production management, 2011, 31 (1): 56-77.

[103] EMERSON R M. Power-dependence relations [J]. American sociological review, 1962, 27 (1): 31-42.

[104] PFEFFER J, SALANCIK G R. The External control of organizations: A resource dependence perspective [J]. Social science electronic publishing, 2003, 23 (2): 123-133.

[105] SCHEER L K, MIAO C F, PALMATIER R W. Dependence and interdependence in marketing relationships: meta-analytic insights [J]. Journal of the academy of marketing science, 2015, 43 (6): 694-712.

[106] SCHMITZ T, SCHWEIGER B, DAFT J. The emergence of dependence and lock-in effects in buyer-supplier relationships—A buyer perspective [J]. Industrial marketing management, 2016, 55 (5): 22-34.

[107] SCHIELE H, VOS F G S. Dependency on suppliers as a peril in the acquisition of innovations? the role of buyer attractiveness in mitigating potential negative dependency effects in buyer-supplier relations [J]. Australasian marketing journal, 2015, 23 (2): 139-147.

[108] SCHLEPER M C, BLOME C, WUTTKE D A. The dark side of buyer power: supplier exploitation and the role of ethical climates [J]. Journal of business ethics, 2017, 140 (1): 97-114.

[109] GEIGER I, DURAND A, SAAB S, ET AL. The bonding effects of relationship value and switching costs in industrial buyer-seller relationships: An investigation into role differences [J]. Industrial marketing management, 2012, 41 (1): 82-93.

[110] CANIëLS M C J, VOS F G S, SCHIELE H, ET AL. The effects of balanced and asymmetric dependence on supplier satisfaction: identifying positive effects of dependency [J]. Journal of purchasing and supply management, 2018, 24 (4): 343-351.

[111] JOHNSEN R E, LACOSTE S. An exploration of the "dark side" associations of conflict, power and dependence in customer-supplier relationships [J]. Industrial marketing management, 2016, 59 (11): 76-95.

[112] HARRISON M P, BEATTY S E, REYNOLDS K E, ET AL. Why customers feel locked into relationships: using qualitative research to uncover the lock-in factors [J]. The journal of marketing theory and practice, 2012, 20 (4): 391-406.

[113] MUNKSGAARD K B, JOHNSEN R E, PATTERSON C M. Knowing me, knowing you: self- and collective interests in goal development in asymmetric relationships [J]. Industrial marketing management, 2015, 48 (7): 160-173.

[114] GRIFFITH D A, HOPPNER J J, LEE H S, ET AL. The influence of the structure of interdependence on the response to inequity in buyer - supplier relationships [J]. Journal of marketing research, 2017, 54 (2): 124-137.

[115] BRITO R P, MIGUEL P L S. Power, governance, and value in collaboration: differences between Buyer and supplier perspectives [J]. Journal of supply chain management, 2017, 53 (2): 61-87.

[116] CAI S, YANG Z, HU Z. Exploring the governance mechanisms of quasi -

integration in buyer-supplier relationships [J]. Journal of business research, 2009, 62 (6): 660-666.

[117] LIU Y, HUANG Y, LUO Y. How does justice matter in achieving buyer-supplier relationship performance? [J]. Journal of operations management, 2012, 30 (5): 355-367.

[118] ZAEFARIAN G, NAJAFI-TAVANI Z, HENNEBERG S C, ET AL. Do supplier perceptions of buyer fairness lead to supplier sales growth? [J]. Industrial marketing management, 2016, 53 (2): 160-171.

[119] HOFENK D, SCHIPPER R, SEMEIJN J, ET AL. The influence of contractual and relational factors on the effectiveness of third party logistics relationships [J]. Journal of purchasing & supply management, 2011, 17 (3): 167-175.

[120] MAZZOLA E, BRUCCOLERI M, PERRONE G. Supply chain of innovation and new product development [J]. Journal of purchasing and supply management, 2015, 21 (4): 273-284.

[121] MOON J, TIKOO S. Suppliers' capabilities factors affecting manufacturer commitment, opportunism, and supplier performance [J]. Journal of global scholars of marketing science, 2013, 23 (3): 231-244.

[122] 高维和，刘勇，陈信康，等．协同沟通与企业绩效：承诺的中介作用与治理机制的调节作用 [J]. 管理世界，2010，26 (11): 76-93.

[123] 叶飞，薛运普．关系承诺对信息共享与运营绩效的影响研究 [J]. 管理科学，2012，25 (5): 41-51.

[124] JOKELA P, SöDERMAN A. Re-examining the link between fairness and commitment in buyer-supplier relationships [J]. Journal of purchasing and supply management, 2017, 23 (4): 268-279.

[125] YOON J, MOON J. The moderating effect of buyer purchasing strategy on the relationship between supplier transaction-specific investment and supplier firm performance [J]. Journal of business research, 2019, 99 (6): 516-523.

[126] ZHAO X, HUO B, SELEN W, ET AL. The impact of internal integration and

relationship commitment on external integration [J]. Journal of operations management, 2011, 29 (1-2): 17-32.

[127] ELLIS S C, HENKE J W, KULL T J. The effect of buyer behaviors on preferred customer status and access to supplier technological innovation: An empirical study of supplier perceptions [J]. Industrial marketing management, 2012, 41 (8): 1259-1269.

[128] BAXTER R. How can business buyers attract sellersresources? Empirical evidence for preferred customer treatment from suppliers [J]. Industrial marketing management, 2012, 41 (8): 1249-1258.

[129] KHAN KU, ZHANG X, ATLAS F, ET AL. The impact of dominant logic and competitive intensity on SMEs performance: A case from China [J]. Journal of innovation & knowledge, 2019, 4 (1): 1-11.

[130] FENG T, WANG D, PRAJOGO D. Incorporating human resource management initiatives into customer services: Empirical evidence from Chinese manufacturing firms [J]. Industrial marketing management, 2014, 43 (1): 126-135.

[131] TSAI K H, YANG S Y. Firm innovativeness and business performance: The joint moderating effects of market turbulence and competition [J]. Industrial marketing management, 2013, 42 (8): 1279-1294.

[132] FENG T, CAI D, WANG D, ET AL. Environmental management systems and financial performance: the joint effect of switching cost and competitive intensity [J]. Journal of cleaner production, 2016, 113 (2): 781-791.

[133] 张婧，段艳玲．我国制造型企业市场导向和创新导向对新产品绩效影响的实证研究 [J]. 南开管理评论，2010，13 (1)：81-89.

[134] WETZEL H A, HAMMERSCHMIDT M A, ZABLAH A R. Gratitude versus entitlement: A dual process model of the profitability implications of customer prioritization [J]. Journal of marketing, 2014, 78 (2): 1-19.

[135] HOMBURG C, MüLLER M, KLARMANN M. When should the customer really be king? on the optimum level of salesperson customer orientation in sales encounters [J]. Journal of marketing, 2011, 75 (2): 55-74.

［136］ FENG T, WANG D, LAWTON A, ET AL. Customer orientation and firm performance：the joint moderating effects of ethical leadership and competitive intensity ［J］. Journal of business research, 2019, 100（7）：111–121.

［137］ VASCONCELOS F C, RAMIREZ R. Complexity in business environments ［J］. Journal of business research, 2011, 64（3）：236–241.

［138］ VIJAYASARATHY L R. An investigation of moderators of the link between technology use in the supply chain and supply chain performance ［J］. Information & management, 2010, 47（7）：364–371.

［139］ ZHAO Y, CAVUSGIL E, CAVUSGIL S T. An investigation of the black–box supplier integration in new product development ［J］. Journal of business research, 2014, 67（6）：1058–1064.

［140］ PAULRAJ A, LADO A A, CHEN I J. Inter–organizational communication as a relational competency：antecedents and performance outcomes in collaborative buyer–supplier relationships ［J］. Journal of operations management, 2008, 26（1）：45–64.

［141］ THOMAS E. Supplier integration in new product development：computer mediated communication, knowledge exchange and buyer performance ［J］. Industrial marketing management, 2013, 42（6）：890–899.

［142］ WU G C, DING J H, CHEN P S. The effects of GSCM drivers and institutional pressures on GSCM practices in Taiwan' s textile and apparel industry ［J］. International journal of production economics, 2012, 135（2）：618–636.

［143］ SALEH M A, ALI M Y, MAVONDO F T. Drivers of importer trust and commitment：evidence from a developing country ［J］. Journal of business research, 2014, 67（12）：2523–2530.

［144］ KIM K K, PARK S H, RYOO S Y, ET AL. Inter–organizational cooperation in buyer–supplier relationships：both perspectives ［J］. Journal of business research, 2010, 63（8）：863–869.

［145］ PERVAN S J, BOVE L L, JOHNSON L W. Reciprocity as a key stabilizing norm of interpersonal marketing relationships：Scale development and validation ［J］. Industrial marketing management, 2009, 38 (1): 60-70.

[146] MOLLER K, WINDOLPH M, ISBRUCH F. The effect of relational factors on open-book accounting and inter-organizational cost management in buyer-supplier partnerships [J]. Journal of purchasing & supply management, 2011, 17 (2): 121-131.

[147] YEUNG I Y, TUNG R L. Achieving business success in Confucian societies: The importance of guanxi (connections) [J]. Organizational dynamics, 1996, 25 (2): 54-65.

[148] JIA F, LAMMING R. Cultural adaptation in Chinese: western supply chain partnerships [J]. International journal of operations & production management, 2013, 33 (5): 528-561.

[149] LOBO A, LECKIE C, LI C. The impact of guanxi, xinyong and buyer collaboration on the loyalty and financial performance of vegetable farmers in China [J]. Asia pacific journal of marketing and logistics, 2013, 25 (5): 745-764.

[150] NG D C W, LAW K. Impacts of informal networks on innovation performance: evidence in Shanghai [J]. Evidence in Shanghai. Chinese management studies, 2015, 9 (1): 56-72.

[151] CHU Z, WANG Q, LADO A A. Customer orientation, relationship quality, and performance: the third-party logistics provider's perspective [J]. International journal of logistics management, 2016, 27 (3): 738-754.

[152] DOH J, RODRIGUES S, SAKA HELMHOUT A, ET AL. International business responses to institutional voids [J]. Journal of international business studies, 2017, 48 (3): 293-307.

[153] CHU Z, WANG Q, LAI F, ET AL. Managing interdependence: using guanxi to cope with supply chain dependency [J]. Journal of business research, 2017, 75 (12): 21-35.

[154] CHEN H, ELLINGER A E, TIAN Y. Manufacturer-supplier guanxi strategy: An examination of contingent environmental factors [J]. Industrial marketing management, 2011, 40 (4): 550-560.

[155] CHENG T C E, YIP F K, YEUNG A C L. Supply risk management via guanxi in

the Chinese business context: the buyer's perspective [J]. International journal of production economics, 2012, 139 (1): 3-13.

[156] JIA F, ZSIDISIN G A. Supply relational risk: what role does guanxi play? [J]. Journal of business logistics, 2014, 35 (3): 259-267.

[157] CHEN H, ELLINGER A E, TIAN Y. Manufacturer-supplierguanxi strategy: An examination of contingent environmental factors [J]. Industrial marketing management, 2011, 40 (4): 550-560.

[158] LEE V H, OOI K B, CHONG AY L, ET AL. The effects of supply chain management on technological innovation: the mediating role of guanxi [J]. International journal of production economics, 2018, 205 (11): 15-29.

[159] CHEN C C, CHEN X, HUANG S. Chinese guanxi: An integrative review and new directions for future research [J]. Management and organization review, 2013, 9 (1): 167-207.

[160] CHEN H, JAMES E, ZEMANEK J, ET AL. Relationship flexibility in a 3pl context: impacts of network embeddedness, guanxi, and explicit contract [J]. Journal of marketing channels, 2015, 22 (4): 253-264.

[161] LOVE J H, ROPER S, VAHTER P. Learning from openness: the dynamics of breadth in external innovation linkages [J]. Strategic management journal, 2014, 35 (11): 1703-1716.

[162] CLAYCOMB C, FRANKWICK G L. Buyers' perspectives of buyer - seller relationship development [J]. Industrial marketing management, 2010, 39 (2): 252-263.

[163] WOO C, KIM M G, CHUNG Y, ET AL. Suppliers' communication capability and external green integration for green and financial performance in Korean construction industry [J]. Journal of cleaner production, 2016, 112 (1): 483-493.

[164] GHIJSEN P W T, SEMEIJN J, ERNSTSON S. Supplier satisfaction and commitment: the role of influence strategies and supplier development [J]. Journal of purchasing and supply management, 2010, 16 (1): 17-26.

[165] ZHANG C, HENKE J W, VISWANATHAN S. Reciprocity between buyer cost

sharing and supplier technology sharing [J]. International journal of production economics, 2015, 163 (5): 61-70.

[166] NYAGA G N, WHIPPLE J M, LYNCH D F. Examining supply chain relationships: do buyer and supplier perspectives on collaborative relationships differ? [J]. Journal of operations management, 2010, 28 (2): 101-114.

[167] SVENSSON G, MYSEN T, PAYAN J. Balancing the sequential logic of quality constructs in manufacturing-supplier relationships — causes and outcomes [J]. Journal of business research, 2010, 63 (11): 1209-1214.

[168] HANDLEY S M, BENTON W C. Mediated power and outsourcing relationships [J]. Journal of operations management, 2012, 30 (3): 253-267.

[169] RUUSKA I, AHOLA T, MARTINSUO M, ET AL. Supplier capabilities in large shipbuilding projects [J]. International journal of project management, 2013, 31 (4): 542-553.

[170] LI S, LIN B. Accessing information sharing and information quality in supply chain management [J]. Decision support systems, 2006, 42 (3): 1641-1656.

[171] TSAI M T, HUANG Y C. Exploratory learning and new product performance: the moderating role of cognitive skills and environmental uncertainty [J]. The journal of high technology management research, 2008, 19 (2): 83-93.

[172] BSTIELER L. The moderating effect of environmental uncertainty on new product development and time efficiency [J]. Journal of product innovation management, 2005, 22 (3): 267-284.

[173] LI J J, SHENG S. When does guanxi bolster or damage firm profitability? the contingent effects of firm and market level characteristics [J]. Industrial marketing management, 2011, 40 (4): 561-568.

[174] TSAI M T, HUANG Y -C. Exploratory learning and new product performance: the moderating role of cognitive skills and environmental uncertainty [J]. The journal of high technology management research, 2008, 19 (2): 83-93.

[175] ZAHEER A, VENKATRAMAN N. Relational governance as an interorganizational

strategy: An empirical test of the role of trust in economic exchange [J]. Strategic management journal, 1995, 16 (5): 373-392.

[176] MOHR J J, FISHER R J, NEVIN J R. Collaborative communication in interfirm relationships: moderating effects of integration and control [J]. Journal of marketing, 1996, 60 (3): 103-115.

[177] CHAN R Y, HE H, CHAN H K, ET AL. Environmental orientation and corporate performance: the mediation mechanism of green supply chain management and moderating effect of competitive intensity [J]. Industrial marketing management, 2012, 41 (4): 621-630.

[178] LEE D J, JEONG I, LEE H T, ET AL. Developing a model of reciprocity in the importer-exporter relationship: the relative efficacy of economic versus social factors [J]. Industrial marketing management, 2008, 37 (1): 9-22.

[179] CHEN Z, HUANG Y, STERNQUIST B. Guanxi practice and Chinese buyer-supplier relationships: the buyer's perspective [J]. Industrial marketing management, 2011, 40 (4): 569-580.

[180] 马庆国. 管理统计：数据获取、统计原理与 SPSS 工具与应用研究 [M]. 北京：科学出版社，2019.

[181] BARON R M, KENNY D A. The moderator-mediator variable distinction in social psychological research: conceptual, strategic, and statistical considerations [J]. Journal of personality and social psychology, 1986, 51 (6): 1173-1182.

[182] 李随成，禹文钢. 制造商对供应商长期导向的前因作用机理研究 [J]. 管理科学，2011，24 (6)：79-92.

附录 1　供应商适应行为的内容结构及测量研究访谈提纲

尊敬的先生/女士：

您好！

此访谈是针对供应商适应行为内容方面的研究，感谢您的参与。供应商适应行为是指供应商开展的旨在满足制造商需求的活动，旨在支持制造商开展运营活动。本研究的目的是明确供应商适应行为的内容结构，构建供应商适应行为构念测量量表。

下述内容是针对已有研究对供应商适应行为内容的认识，请结合贵公司实际，对已有研究进行评价，并做出补充。

已有研究表明，供应商适应行为的内容包括：

（1）供应商根据制造商需求，改变产品规格；

（2）供应商根据制造商需求，改变产品特性；

（3）供应商根据制造商需求，开发专用性产品；

（4）供应商根据制造商需求，调整生产能力；

（5）供应商根据制造商需求，调整生产技术；

（6）供应商根据制造商需求，调整生产计划；

（7）供应商根据制造商需求，改变生产工具；

（8）供应商根据制造商需求，提高物料质量；

（9）供应商根据制造商需求，改进产品的质量控制流程；

（10）供应商根据制造商需求，改变产品放置地点政策；

（11）供应商根据制造商需求，按期交货；

（12）供应商根据制造商需求，延长信用期；

（13）供应商根据制造商需求，为制造商提供数量折扣；

（14）供应商根据制造商需求，为制造商提供产品使用建议；

（15）供应商根据制造商需求，为制造商提供问题解决方案；

（16）供应商根据制造商需求，进行人力资源配置；

（17）供应商根据制造商需求，为制造商提供培训。

附录 2　供应商适应行为的影响因素研究访谈提纲

尊敬的先生/女士：

您好！

此访谈是针对供应商适应行为的影响因素方面的研究，感谢您的参与。供应商适应行为是指供应商开展的旨在满足制造商需求的活动，旨在支持制造商开展运营活动。本研究的目的是明确供应商适应行为背后的驱动力量，揭示供应商适应行为的源起。

已有研究表明，供应商适应行为的影响因素包括：供应商对制造商秉持的管理导向；制造商对供应商秉持的管理导向；供应商对制造商的信任；供应商对制造商的依赖；供应商对制造商的承诺；供应商和制造商的沟通；供应商和制造商坚持互惠原则；与供应商做出适应行为相关的成本和收益。分析认为，供应商适应行为的影响因素来自多个层面，供应商适应行为是多层面中的因素共同作用的结果。可以从供应商、制造商、双方关系以及环境 4 个层面展开分析，获取供应商适应行为的影响因素。通过分析认为，供应商层面的影响因素包括供应商能力和供应商高层管理者的支持。供应商能力是指，供应商具备的能够有效满足制造商需求的素质和条件。供应商高层管理者的支持是指，供应商高层管理者认为供应链管理活动是重要的，并要参与客户关系管理，提供所需资源。制造商层面的影响因素包括制造商需求不确定性和制造商长期导向。制造商需求不确定性是指，制造商对供应商偏好和期望的不可预测性。制造商长期导向是指，制造商有意愿做出短期牺牲，通过和供应商维持业务关系以获得长期收益。关系层面的影响因素包括制造商和供应商双方人员间良好的私人关系。环境层面的影响因素包括技术不确定性。其中，技术不确定性是指，制造商所在行业技术开发变化和不可预测的程度。

请结合贵公司实际，对已有研究和本人的理论分析进行评价，并做出补充。对你们的辛勤劳动和付出，表示由衷的感谢！

附录3　管理变量测量修订访谈提纲

尊敬的先生/女士：

您好！本访谈是针对供应商适应行为的影响因素方面的研究。供应商适应行为是指供应商开展的旨在满足制造商需求的活动。本研究的目的是探索促使供应商做出适应行为的因素。下表是已有学者对各因素开发的测量量表，请根据你们的认识，对题项设计的合理性、完整性以及表述的准确性、易懂性发表评论，并对存在的问题提出意见。

变　量		题　项	
编号	变量名	编号	题项内容
1	供应商能力	SC1	我公司有能力对生产工艺进行合理调整
		SC2	我公司有能力准时供货
		SC3	我公司有能力参与该制造商的生产工艺改进
2	供应商高层管理者的支持	TMS1	我公司高层管理者认为，与该制造商的业务关系是重要的
		TMS2	我公司高层管理者支持供应链管理活动
		TMS3	我公司高层管理者参与供应链管理
3	制造商需求不确定性	MDU1	该制造商对我公司产品的偏好不断变化
		MDU2	该制造商不断开发新产品
		MDU3	该制造商的需求不同于我公司其他客户

续表

变　量		题　项	
编号	变量名	编号	题项内容
4	制造商长期导向	LTO1	对该制造商而言，与我公司保持长期关系是重要的
		LTO2	该制造商相信，从长期看，和我公司维持关系是有益的
		LTO3	该制造商关注于双方关系的长期目标
		LTO4	该制造商期望与我公司进行长期业务往来
5	供应商信任	ST1	该制造商可以信赖
		ST2	该制造商坚持公平交易
		ST3	该制造商说话算话
6	供应商承诺	SC1	我公司希望和该制造商维持业务关系
		SC2	我公司希望逐渐增强与该制造商的业务关系
		SC3	为了与该制造商维持业务关系，我公司付出了努力
7	供应商依赖	SD1	在业务量上，我公司很难找到该制造商的替代者
		SD2	失去该制造商将使我公司销售产品变得困难
		SD3	该制造商对于我公司的经营业绩很关键
8	沟通	COM1	该制造商和我公司的沟通很充分
		COM2	该制造商通常会告诉我公司，双方在业务关系中出现的问题
		COM3	该制造商表达了对我公司的期望
9	互惠	REC1	该制造商曾帮助我公司
		REC2	我公司对该制造商给予的帮助进行回报
10	双方人员间关系	GX1	我们是很好的私人朋友，喜欢这种类型的关系
		GX2	我们高度重视“面子”，并在双方业务往来中保护对方的“面子”
		GX3	在节假日，我们交换礼物，以表示对对方的感谢
		GX4	当对方需要时，一方愿意提供帮助

续表

变量		题项	
编号	变量名	编号	题项内容
11	竞争强度	CI1	我公司行业内竞争很激烈
		CI2	在我公司行业内，存在着很多促销战
		CI3	在我公司行业内，一企业能够提供的产品，竞争者也能够提供
		CI4	我公司行业内的一个特征是价格竞争
12	技术不确定性	TU1	技术环境高度不确定
		TU2	技术开发具有高度不可预测性
		TU3	难以预测行业内技术开发态势
		TU4	在这个产品类别中，技术快速变化

附录 4　正式调查问卷

尊敬的女士/先生:

您好!

非常感谢您填写这份问卷!本问卷旨在调查供应商适应行为的内容结构及影响因素。请根据该问卷各项内容,结合您所在企业的实际情况作答。

问卷调查结果仅用于学术研究,不会用于商业用途;调查对象填写的答案没有对错之分,仅反映调查对象对相关问题的认识;问卷不记名,并对填写的信息予以保密。

相关说明:

(1)此处研究的是供应商对制造商的单边适应问题。一条完整的供应链是:供应商的供应商(A)——供应商(B)——制造商(C)——批发商——零售商——最终客户。本问卷中“制造商”是指最终产品(产成品)的生产方 C;“供应商”是指制造商的一级供应商 B,不包括二级供应商 A。同时,本问卷研究的是与制造商生产的最终产品相关的供应商,如原材料供应商、零部件供应商以及机器设备供应商等。

（2）供应商适应行为是指供应商开展的旨在满足制造商需求的活动。例如，供应商为制造商提供定制产品。

（3）本问卷采用五级打分制。“1～5”表示您对题项所述内容的认同程度。请将最符合贵公司实际情况的选项涂成红色。

第一部分　背景资料

下面是有关您个人以及您所在企业情况的描述，请根据实际情况做出选择。

1. 您的学历：

A. 高中

B. 大专

C. 本科

D. 研究生及以上

2. 您的工作年限：

A. 5 年及以下

B. 6～10 年

C. 11～15 年

D. 16～20 年

E. 20 年以上

3. 您的工作职务：

A. 部门经理

B. 项目经理

C. 采购人员

D. 生产人员

E. 营销人员

F. 研发人员

G. 技术人员

H. 其他

4. 您所在企业的性质：

A. 国有控股　　　　　　D. 中外合资

B. 民营　　　　　　　　E. 外商独资

C. 股份制（非国有控股）　F. 其他

5. 您所处的行业类型：

A. 通用设备制造（锅炉及原动机、金属加工机械、起重运输设备、压缩机、电炉、齿轮传动、通用零部件、金属加工等通用设备制造）

B. 专用设备制造（矿山、冶金、建筑、化工、食品加工、印刷、制药、纺织、医疗器械等专用设备制造）

C. 交通运输设备制造（汽车、航空航天器、铁路运输、船舶、交通器材等设备制造）

D. 电气机械及器材制造（输配电及控制、电机、电工器材、电池等电气设备制造）

E. 通信设备、计算机及电子设备制造（通信、雷达、广播电视、计算机、电子器件等设备制造）

F. 仪器仪表及文化、办公用设备制造（通用或专用仪器仪表、钟表及计时仪器、光学仪器等设备制造）

G. 其他

第二部分

在下列题项中，“产品”是指贵公司向制造商供应的原材料、零部件、机器设备等产品。“物料”是指贵公司为了向制造商供应产品而使用的各种物料。总生产计划是由制造商的运营经理根据长期生产能力计划而制定的中期生产计划，计划期一般为 6~18 个月。

请将最符合贵公司实际情况的选项涂成红色。

序号	题项 为了满足该制造商的需求，我公司：	完全不同意	基本不同意	说不清楚	基本同意	完全同意
1	改变了产品规格	①	②	③	④	⑤
2	改变了产品特性	①	②	③	④	⑤
3	开发专用性产品	①	②	③	④	⑤
4	调整了生产能力	①	②	③	④	⑤
5	调整了生产技术	①	②	③	④	⑤
6	调整了生产计划	①	②	③	④	⑤
7	缩小产品尺寸公差	①	②	③	④	⑤
8	提高物料质量	①	②	③	④	⑤
9	改进产品的质量控制流程	①	②	③	④	⑤
10	改变了产品放置地点政策	①	②	③	④	⑤
11	按照制造商规定的交货期交货	①	②	③	④	⑤
12	延长制造商付款的信用期	①	②	③	④	⑤
13	为制造商提供数量折扣	①	②	③	④	⑤
14	为制造商提供产品使用方面的建议	①	②	③	④	⑤
15	针对制造商在使用产品过程中出现的问题，为其提供解决方案	①	②	③	④	⑤
16	控制物料的库存量	①	②	③	④	⑤
17	为制造商的生产人员提供产品使用的培训	①	②	③	④	⑤
18	参与制造商长期生产能力计划的制定	①	②	③	④	⑤
19	参与制造商的新产品开发活动	①	②	③	④	⑤
20	参与制造商生产工艺的改进	①	②	③	④	⑤

第三部分

请根据各题项所述内容，将最符合贵公司实际情况的选项涂成红色。

编号	题项	完全不同意	基本不同意	说不清楚	基本同意	完全同意
SC1	我公司具备为该制造商提供产品技术和工程的能力	①	②	③	④	⑤
SC2	我公司有能力适应该制造商采购量的变化	①	②	③	④	⑤
SC3	我公司有能力参与该制造商新产品开发	①	②	③	④	⑤
SC4	我公司有能力参与该制造商生产工艺改进	①	②	③	④	⑤
SC5	我公司有能力为该制造商提供技术服务	①	②	③	④	⑤
TMS1	我公司高层管理者认为，与该制造商维持业务关系是重要的	①	②	③	④	⑤
TMS2	我公司高层管理者支持供应链管理活动	①	②	③	④	⑤
TMS3	我公司高层管理者参与供应链管理	①	②	③	④	⑤
MDU1	该制造商对我公司产品的偏好不断变化	①	②	③	④	⑤
MDU2	该制造商不断开发新产品	①	②	③	④	⑤
MDU3	该制造商的需求不同于我公司其他客户	①	②	③	④	⑤
LTO1	对该制造商而言，与我公司保持长期关系是重要的	①	②	③	④	⑤
LTO2	该制造商相信，从长期看，维护和我公司关系是有益的	①	②	③	④	⑤
LTO3	该制造商关注双方关系的长期目标	①	②	③	④	⑤
ST1	该制造商可以信赖	①	②	③	④	⑤
ST2	该制造商坚持公平交易	①	②	③	④	⑤
ST3	该制造商诚实守信	①	②	③	④	⑤
SCO1	我公司希望持续和该制造商的业务关系	①	②	③	④	⑤
SCO2	我公司希望逐渐增强与该制造商的业务关系	①	②	③	④	⑤
SCO3	为了与该制造商维持业务关系，我公司付出了努力	①	②	③	④	⑤
SD1	在业务量上，我公司很难找到该制造商的替代者	①	②	③	④	⑤

续表

编号	题项	完全不同意	基本不同意	说不清楚	基本同意	完全同意
SD2	失去该制造商将使我公司销售产品变得困难	①	②	③	④	⑤
SD3	该制造商对于我公司的经营业绩很关键	①	②	③	④	⑤
COM1	该制造商和我公司的沟通充分	①	②	③	④	⑤
COM2	该制造商通常会告诉我公司，双方在业务关系中出现的问题	①	②	③	④	⑤
COM3	该制造商表达了对我公司的期望	①	②	③	④	⑤
REC1	该制造商和我公司相互帮助	①	②	③	④	⑤
REC2	对于该制造商和我公司，一方得到帮助时，另一方给予回报	①	②	③	④	⑤
GX1	我们是很好的私人朋友，喜欢这种类型的关系	①	②	③	④	⑤
GX2	我们高度重视“面子”，并在双方业务往来中保护对方的“面子”	①	②	③	④	⑤
GX3	在节假日，我们交换礼物，以表示对对方的感谢	①	②	③	④	⑤
GX4	当对方需要时，一方愿意提供帮助	①	②	③	④	⑤
CI1	我公司行业内竞争很激烈	①	②	③	④	⑤
CI2	在我公司行业内，存在着很多促销战	①	②	③	④	⑤
CI3	在我公司行业内，一企业能够提供的产品，竞争者也能够提供	①	②	③	④	⑤
TU1	该制造商行业内，技术环境具有不确定性	①	②	③	④	⑤
TU2	该制造商行业内，技术开发具有不可预测性	①	②	③	④	⑤
TU3	该制造商行业内，技术快速变化	①	②	③	④	⑤

感谢您的悉心作答！

重要术语索引